怒髪天を衝く！

前田日明

青林堂

はじめに

今の日本はどうなっているのだろうか?

警察官は犯罪者に対して強い対応ができず、検察や裁判所は何かといえば外国人犯罪者を不起訴にする。いくら警察が犯人を捕まえても起訴しなければなんの意味もないだろう。これでは犯罪者が野放しとなり、安心して街も歩けなくなってしまう。

医療の分野もそうだ。政府が安全だというワクチンを打てば副作用で苦しみ、最悪は死んでしまう可能性も出てきている。ところが、政府は副作用などないと言い張り、最近になってやっと副作用を認めるようになってきたものの、被害者に対する謝罪もなければ、救済もろくにない。

食糧政策もひどいものだ。自給率は年々下がっているのに上げる努力をしている気配はない。それどころか、食糧輸入の依存度をますます上げようとしており、さらには日本人が生み出した大切な米の品種を外国企業の要求に従って売り渡そうとすらしている。

食品添加物に関しては絶望的だ。アメリカやヨーロッパでは減少傾向なのに、日本は逆に増えている。この添加物ががんやアトピー性皮膚炎などの原因ではないかと指摘する有識者も少なくないのに、増加の一途とはどういうつもりなのだろうか？

税金に関してはすでに皆さんもご存知のとおり、増税、増税の大合唱。世界のGDPランキングが4位になろうが、5位になろうがおかまいなしで国民から税金を搾り取ることしか考えていない。失われた30年、40年といわれるほど経済が下降しているのに、税金だけは何が何でも上げるというのが財務省の考え方で、政治家はそれに逆らわない。

なぜ、彼らはそうなんだ？

この国の為政者たちは国民の生活を良くしようとは思わないのだろうか？

日本国民の生活の向上や幸福な姿を見たくないのだろうか？

彼ら為政者の姿を見ていると私利私欲、既得権益の確保だけを考えているようにしか思えない。官僚たちは省益のため、そして、退官後の天下り先の確保だけを考え、政治家たちは利権が第一で、そのためであれば、国民の生活が悪くなろうが、安全保障が脅かされようが、おかまいなし。そんなふうにしか見えないのが今の為政者たちだ。

しかし、だからこそ、不思議なのだ。

官僚にしろ、政治家にしろ、基本的にはこの国で生まれ育った日本人のはずだろう。彼らにだって故郷があり、親がいて、友達がいる。それはすべて日本という国土を起点としているはずだ。

であるのに、なぜ、起点であり、原点である、日本という国をないがしろにするのだろうか？　自分はそこが不思議でたまらない。

彼らは本当に日本がどうなってもいいと思っているのだろうか？

本書はその疑問を解くためにつくったものだ。

各専門分野で、かつて為政者だった人、為政者とともに仕事をした人たちに、この国のどこが悪くて、どこが病んでいるのかを徹底的に聞いてみたものだ。

警察・公安に関する疑問には坂東忠信氏、コロナとワクチン分野では元京都大学教授の宮沢孝幸氏、外交分野は元外務省の山上信吾氏、歴史分野は世界史講師の茂木誠氏、食品分野は東大教授の鈴木宣弘氏、税務分野は元衆議院議員の安藤裕氏をお迎えして、かねてからあった疑問を縦横無尽にぶつけてみた。

その過程で様々な事実、驚愕の真相などが次々と明らかになった。為政者たちの考えや望んでいるものが見えてきた。何が見えてきたのかは本書を読み進めていってもらえればわかるだろう。

日本を良くするために、まずは、一読してほしい！

前田日明

メールマガジン『前田日明の「日本人はもっと怒ってもいいはずだ」』

目次

第3ラウンド

日本の薬学界はどうなっているのか？ …71

第4ラウンド

日本の食品はどうなっているのか？ ………119

第1ラウンド

日本の治安はどうなっているのか？

坂東忠信（ばんどう・ただのぶ）

元警視庁刑事・宮城県生まれ。昭和51年警視庁巡査を拝命後、交番勤務員、機動隊員、刑事、北京語通訳捜査員として新宿、池袋などの警察署、警視庁本部で勤務。中国人犯罪の捜査活動に多く従事。在日朝鮮人の犯罪事情にも詳しい。平成15年、勤続18年で警視庁を退職。退職後は作家として執筆。保守論壇に加わっての講演活動を展開。著書に『怖ろしすぎる中国に優しすぎる日本人』（徳間書店）『静かなる日本戦区』『在日特権と犯罪』『あなたがここに転生した理由』『スパイ』『六六六と６６６』（小社刊）

◎国会の中にスネに傷を持つ人間がいる

――元警察官であり、北京語を使って公安捜査官もされていた坂東さんに最近の日本における外国勢力についていろいろお聞きしたいと思っています。

前田　坂東さん、ここ数年、日本の中に浸透していた外国勢力、特に中国の動きが活発化してませんか？

坂東　してますね。水源地や自衛隊近辺の土地を買い漁るだけでなく、京都、大阪、東京の空き家をかなりの数、手に入れてます。それはすでに報道されている以上ですよ。

前田　宗教法人も乗っ取ってるでしょ。ところが、それを取り締まる法律が日本にない。つくろうとすると一部の国会議員が大反対して法律をつくらせない。一体、どうなってるんですか、この国は？　自分、思うんですけど、国会議員の中に「背《は》乗《い》り」（工作員や犯罪者などが正体を隠すために実在する他人の身分・戸籍を乗っ取り偽装する行為）している人間が紛れ込んでるんじゃないですか？

坂東　「背乗り」は現実に存在しています。震災なんかで死んだ人の戸籍を乗っ取った外国人の話も聞いてます。彼らは日本人になりすまして土地を売買したり、会社をつくったりしてるでしょうし、選挙で投票したり、立候補したりしてるかもしれませんね。

前田　やっぱりね。そもそも日本の法律がおかしいんですよ。外国籍なのが発覚したのに国会議員のままでいられるとか、ほかの国ではありえないですよ。

坂東　あれは異常ですよね。ああいう勢力がいるから外国人を取り締まる法律ができないのではないでしょうか。

前田　だって、スパイ防止法をつくろうとすると人権問題がからんできてすぐに潰されるじゃないですか。あれ、なんとかならないんですか。

坂東　スパイ防止法に反対するのって、よくいわれることですがスパイしかいないですね（苦笑）。

前田　極端な話、反対した時点で国家反逆罪ですよ。だけど、「それをやったら戦前の特高警察みたいになる」とか。「何を言ってるんだ、お前、どこの国の人間だよ」って。だから、国会の中にスネに傷を持つ人間がいっぱいいるんですよ。

坂東　国会のあの状況を見たら、そう思うのが普通でしょうね。

前田　自分、思うんですけど、創価学会の池田大作《いけだだいさく》が人間革命とか言って世界中を回って毛沢東と会談したりとかいろいろあったじゃないですか。その関係が全部公明党の影響力の一つになってるわけですよね。ということは公明党が集めてきた票、公明党を経由して国会議員になったやつってスネに傷を持ってるんじゃないんですかね。

坂東　与党にも野党にも怪しい人はいますよ。

――例えば、二階俊博さんとか河野太郎さんとか、いろいろ取り沙汰されている政治家たちがいますけど、警察の人たちはあの人たちのことをどう思っているんですか？

坂東　私はもう辞めた警察官なんで言えますけど、河野太郎さんは怪しいですよね。そう思えた具体的状況を私は『スパイ』という本にして青林堂さんから出しています。

前田　その本は自分も読んでます。詳細に書いてますよね。

坂東　私、日本の国会議員とか日本の地方議員なのに日本のためじゃない動きをしている人たちはみんなおかしいと思います。良かれと思ってやってる人もいるでしょうが、単なる反権力思想なら議員にはふさわしくない活動家ですよ。あとずいぶん前から言っているのですが、自民党の若手の議員は絶対に狙われるぞと。

前田　ハニートラップね。

坂東　そしたら、案の定、松下新平さんがやられてしまいました。自民党の議員で奥さんと娘さんがいるのに中国人の秘書と親密になって、国会の議員事務所にまで出入りさせていたんです。「中国人の秘書の何がいけないんだ」という人もいるかもしれないですけど、国会議員は「これについて知りたいからレクチャーしてくれ」というと官僚もそれに関連する資料をいっぱい持ってくるわけですよ。当然、その資料の中には新しい法律をつくる元になる最新の分析データや条約に関連するものもあったりします。でも、資料をいっぱい持ってこられても議員なんかそんなの全部読めないですから「あとで読むから整理しておいてね」って渡すのが秘書です。

前田　情報を抜きたい放題でしょうね。

坂東　実際、資料は膨大で一つ、二つ抜いても誰も気が付かないこともあります。『スパイ』には、そういうことを実名を出してしっかり書いています。そしたら、その本に実名を書かれた人から、弁護士を通じて抗議の手紙がきました。「私の依頼人である◯◯さんをあなたはまるでスパイであるかのように書いてます」というわけですよ。なので、私も「この件についてはこういう資料があります。あの件についてはこういう写真があります。別の件についてはこう発言したものがあります」と全部つけて、「もしも2通目を頂きましたら、この資料と手紙をまとめて公開しますのでお待ちしてます」と書いて送り返したらもうこなくなりました（笑）。

前田　気持ちいいですね（笑）。

坂東　向こうからガーッときても、こっちからガツンと返せば、向こうも黙ります。それをガーッときたときに「全国紙に謝罪文を出します、回収します」なんてやってたら次の要求がきますから、そこはガッチリ押し返さないといけない。そこを日本人はわかってないんですよね。あと向こうがそういう罠《わな》を仕掛けてきたのであれば、こっちもカウンターインテリジェンスじゃないですけど、そっちがそれを出すなら、こっちもこれを出すよっていう返し技を準備しておくべきですね。

前田 そんなのがあればね。日本は情報戦ができないから。

坂東 いや、実は日本の警察はそういうものをかなり持ってます。持ってるはずです（苦笑）。ただ、なかなか出さないんです。なぜかというと政治利用をされたくないというのと安心してそれを出せる議員がいない、ということです。ヘタな議員に渡したら他国に情報を持っていってしまうかもしれないし、そうすると日本の公安の把握能力や分析力が逆に把握されてしまう。つまり「何がバレていて何が把握されていないのか」が筒抜けになりますからね。本来は日本人としての信頼関係の中で、国を守るための情報戦を国全体でやっていかないといけないのに、議員も党も怪し過ぎて、日本人がお互いに信頼できなくなっちゃってるんですね。

――だからこそ、法律を最低限しっかりさせてほしいんですね。国家安全法とか秘密保護法とか国を守る法律がないというのが問題ですね。

坂東　特定秘密保護法ができた頃には私、警察を辞めてましたけど、あれがよく「スパイを防止する」って言われてますね。でもあれは全然スパイには関係ないです。

前田　関係ないんですか？

坂東　関係ないです。あれは軍事に関係がある技術や情報のどれをどのように特定の秘密として定めるか、誰が定めるか、それにタッチできるのは誰なのか、違反したらどうするのか……というのが決まってるだけであって、その情報を不法に持ち出した人は逮捕されますが、その人から情報を受け取った外国人はまったく問題ないです。

前田　えーっ⁉

坂東　結局、外国の産業スパイを捕まえることができないんですよ。せいぜい捕まえることができるのは海外組織に協力した、秘密に接することができる日本人だけ。

前田　法律をつくっても政治家が骨抜きにしてるんですね。

坂東　ないよりはマシですけどね。今どきは軍事の世界も様々な経済分野とつながっていますし、平時の民間における間接侵略や情報窃取《せっしゅ》なども普通に存在しますから、そこで経済方面を含めた「セキュリティ・クリアランス法」が取り沙汰されているんです。

◎国会議員はどこまで信用できるのか？

前田　ところで、国会議員ってどの程度のことができるんですか？　例えば、国会議員が警察庁長官に「中国の弱みを持ってきてくれ」って言ってすぐに持ってきてくれるんですか？

坂東　それはどういう理由で具体的に何が欲しいかをピンポイントでリクエストできるくらいじゃないと、公安組織も漠然とした回答しか出しませんよ。また信頼関係も必要です。警察の組織も国会議員が言うからって全部バカ正直に出すわけじゃないです。どのくらい信頼できるかを考えて出します。

前田　その信頼とはどういう分野ですか？

坂東　全般的ですね。その議員がどういう活動をしているのか、どういう功績があるのか、犯罪歴はあるのかとかも含めて全般です。

前田　1年生議員ではダメですね。

坂東　議員になる前の活動や実績であるとか、親族の関係などいろんな点が考慮されるはずですから、簡単にはあげられないでしょうね。あとは国のことを考えているかどうか、その資料を渡すことで外国政府を利したり、日本に損害を与えたりすることもあるので、資料の性格にもよりますね。自分たちの仲間内の利益だけで回そうとか、業者との利益だけで回そうとかいう人には、核心に触れない程度のもので誤魔化すと思いますよ。日本国民の代表たる国会議員に、日本国のために提出するんですから出さないわけにはいきませんが、日本国民の代表とは思えない議員が多い。例えば、外国人労働者をもっと入れろと言っていたある元総理なんか、自分の弟さんが外国人労働者の派遣のお仕事をしていたとかでしたから。

前田　あ、岸田（文雄）さんにもそんな話がありましたね。

坂東　あと、河野さんは本にも書きましたけど、日本端子という会社を河野家の家業としてやっています。そこは太陽光パネルに接続する端子で特許を取っています。

――そうなると中国との癒着をどうしても考えてしまいそうですね。

坂東　ですから、日本端子は２０１５年以降は太陽光パネルに関する端子は日本国内では製造販売していませんとアナウンスしました。しかし、あくまで日本国内での製造販売はしていないという話なので、中国で何らかの形で利益を上げている可能性はありますよね。実際に２０１５年以降の16年にも太陽光パネルに使うコネクターの特許を取ってますから。何のためにつくらない、使わない端子の特許を取ったんですか？といったら目的があるからでしょう。そこら辺は経済活動だからいいじゃないかというのは企業としてはそうかもしれません。しかし、お父様が会長で元総理、弟さんが社長さんですから、タッチしていないとしても国会議員として、場合によっては親族の利益に反する政治を断行できるかが問題なんですよ。普段からの言動を見ると、私個人としては期待できません。

前田　河野太郎氏なんてかつては総理候補の最右翼だったときもありましたよ。２０２４年９月の総裁選にも出てたしね。そんな人間が信用できないという話が出てしまうというのが日本の政治家の現状ですよ。

坂東　最終的にはそれに票を入れる人が悪いんですよ。健全な民主主義ってのは有権者の高度な政治知識と、関心がないと成り立たないのです。「テレビでよく見る人だから」とか「イケメンだから」とか「うちの地元の人だから」とか「知り合いだから」「社長に言われたから」とか「美人でいい匂いがしたから」だの「みんながそう言うから」だの「カネ貰ったから」だのと、そんな理由で1票を投じる有権者がいるうちは、我が国でまともな国会議員が議席を取ることはありませんね。

◎警察の萎縮

——でも、最近の選挙は変じゃないですか？

前田　2024年夏の都知事選で蓮舫なんか告示前にバンバン選挙運動をやってたとXで言われてましたよ。どうして警察は調べないんですか？

坂東　私は捕まえればいいと思ってました。事前運動をあれだけ堂々とやって警察を舐《な》めたことやってるんだから検挙しろと思いました。なんでやらないのか、私も不思議です。ですから、こういう声を警察に届けて、やるべきことをやらざるを得ない状況に追い込む必要があります。私の発言に関していえば警視庁の広報課あたりが見るんですよ。元警察官が出ている本は全部チェックするんで。なので、見た広報課の方はこれを上にあげていただきたいんですけど、選挙の関係や外国人の不起訴の関係も、まあ、不起訴は警察の関係ではないからしょうがないけども、公職選挙法に反した行為があまりにも多いし看過されているのは民主主義の根底を脅かす組織犯罪です。それを警察の目の前でやられているのに放置だなんて、警察幹部は恥ずかしくないのか？　完全に警察を舐めているんですから一人二人捕まえて厳罰に処したほうがいいんじゃないかと思いますね。

前田　小池百合子の学歴詐称事件とかもあったしね。あれなんか、側近が訴えたでしょ。なんで捕まらないんですか？

坂東　訴えられてますけど、証言以外にそれを証明する方法がないんじゃないですかね。いまはカイロ大学だって小池側でしょ。

前田　そうなんですか？

坂東　３００億円を寄付してますから、カイロ大学に。「都から寄付します」とやったんですよ、彼女は。なんで都民の皆さんのカネがカイロ大学に行くんですか？　普通に考えておかしいでしょ？

前田　あの女、どうしようもないね！

――先ほど坂東さんがおっしゃっていた外国人が不起訴にされるのも不思議です。これも浸透されているからですか？

前田　それで言えば、この間、Xで見た画像でクルド人が白バイ隊員を殴ってるんですよ。なんで公務執行妨害で捕まえないんですか？

坂東　う〜ん、そういうのは人権意識で上が萎縮しちゃってるから下のほうも萎縮させられてるんでしょうね。昔は私みたいな人間がいっぱいいたんですよ。私は見た目が真面目なので始末書を書くことはめったになかったのですが、何をしたかではなく「何のためにそれをしたのか」を理解してくれる上司は最後まで面倒みてくれましたよ。そういう体制が整ってないと逆に尻尾切られておしまいになるんです。

いまがまさにそうで、組織の下のほうもいつ尻尾として切り捨てられるかと思えば、職務執行も萎縮しますし、一般に被害者よりも犯人のジンケンが持ち上げられて頭にもきますよ。

前田　でも、こんなことを許してたら、「やっていいんだ」と思ってドンドン調子に乗ってきますよ。そうなるとおまわりさんに死人がいっぱい出ると思いますよ。はっきり言って。

坂東　私もこのままではいずれそうなるんじゃないかと思います。これはもうインテリジェンスの話ではなくて、国内の民族紛争になれば、現場の殴り合いどころか殺し合いに発展しかねませんので、まだそうした違法の芽が小さいいまからビシッとしたところを見せていかないとマズいですよね。

前田　外国人の中には日本人では考えられないくらい凶暴な奴がいますよ。80年代の終わりのころの新宿って中国人マフィアの蛇頭《じゃとう》が刃物を持って暴れまわってたじゃないですか。知り合いの新宿署のおまわりさんなんか検挙しようとしたらいきなり青竜刀で切りつけられたって言ってましたよ。

坂東　そういうのは私が新宿署にいた20年前のころにもありました。ですから、外国人がどういうものなのかというのをいま私は発信してます。いまの若い警察官は中国人がメチャクチャやっていたころを知らない人もいるでしょうからね。

前田　たぶん、みんな勘違いしてるんですよね。21世紀になって中国も現代的な社会になってきたと思ってますけど、あそこはいまだに封建社会ですよ。知ってます？　いま中国のミニドラマがフェイスブックなんかで見れるんですよ。自分、面白くて見てるんですけど、どういうドラマかというと永遠に水戸黄門ごっこをやってるんですよ。「俺は偉いぞ」と言うと、「いやいや、俺はもっと偉い」「いやいや、俺はそいつよりもっと偉い」って延々マウントの取り合いをしているドラマでマウントを取られたほうはボコボコにされるんですよ。「手足を折れ」とかいわれて本当に折られたり、いなくなったり。アクションでもバイオレンスでもない普通のホームドラマでそんなことが繰り返されるんですよ。こんなの日本の常識では考えられないですよ。

坂東　人の命とか暴力に対する感覚が日本人とは違うんですよね。ただ、中国は広いんで地方によってまったく考え方も風習も違います。ですから、一概に「中国人は残酷だ」とは言い切れない部分もあるんですけどね。ただ、一個人としての中国人がいい人であっても、集団化したときに、個人の性格や資質とは違う「民族性」が出るんです。それが危険で残酷なものであることは、中国人が構成する中国共産党や中国の歴史を見ればわかるはず。ともかく、こういうことをいうとすぐに人種差別だとかいわれるのが今の日本です。しかし、日本人には考えられないぐらいの残酷さを持つ外国人はいるんですよ。本当に人なのかと感じるぐらい残酷なことをします。しかし、日本ではどうしても人権が先に出ますね。

前田　いま日本の警察は暴力に対して立ち向かってはいけないと教えられているのかと思うぐらい、暴力に臆病になってますよね。

坂東　いまはどうか知らないですが、殴った殴られたなんていうケンカなら警察組織の中でも発生することですから。みんなそれぞれ仕事に燃えて熱い先輩方が多かったし荒っぽかったですよ。

前田　俺が高校時代の交通機動隊なんて凄かったですよ。検問を突破しようとしたら長い棒を投げてくるし。それでひっくり返ったら交機に囲まれてフルボッコでしたよ。

坂東　私も警杖を投げてましたよ（苦笑）。それでハズしたら周りの人が「おまわりさん、もっと練習しなきゃダメだよ」って拾ってもってきてくれましたよ。昭和から平成の始めって、そういう時代だからそれができたんだけど、今の警察官があまりにも敏感すぎるというのは、左翼の反権力思想や教条主義・理想主義的な、加害者に偏重したジンケン意識が影響していると思いますよ。

前田　拳銃だって実質使えないじゃないですか。それでどうやってナイフや青竜刀なんかに対抗するんですか。だったらアメリカの警察官が持ってるテイザー銃、撃つと電気の針が飛んで感電する銃とかにしたほうがいいと思いますね。

坂東　だから、装備から考えたほうがよくて、いま拳銃みたいな形で、バンと撃つと弾が分かれて飛んで、間に張ったワイヤーが犯人をぐるぐる巻きにするようなものとか、押すと相手に巻き付くサスマタなどもありますからね。積極的に採用すればいいのですが、警察組織は予算の割り振りが少ないのです。

前田　いまのおまわりさんは格闘技の訓練はしてるんですか？　なぜかというと自分なんかが高校生ぐらいのときは剣道場、柔道場というのが警察署にあって、そこに習いにいったんですよ。そういうときのおまわりさんはみんなね、ごつい手をしていて。ところが、いまの警察官の手って女の子みたいなんですよ。安倍首相の周りのＳＰですらそうでしたよ。

坂東　いまはわからないですけど、私のころの警察学校では剣道の授業なのに背負い投げと絞め技をくらいました。私も高校出たばかりでしたから、剣道助教に殴りかかってしまい、その後ボコボコにされましたけどね（笑）。実務では犯罪者なんてルールがないし勝たなければいけないんで、あのときは頭にきましたけど、昭和のころって世の中も荒っぽかったので警察も荒っぽくて、それくらいできないと現場で仕事ができませんでしたからね。

前田　そうしないとこれからの警察官は自分の身を守れないですよ。

坂東　ただ、いま警察官を目指してきてる人にそれをやったら辞める人間が続出すると思います。やっぱり世間そのものが非暴力どころかショックを与えないことが金科玉条みたいになってますから。警察組織もそれに合わせて進化しているんです。そういう風潮はいま自衛隊でも吹き荒れています。

前田　専守防衛とかいって反撃しかしませんっていうけど、第一撃で全滅するよ。

坂東　専守防衛の専守が「先守」だったらまだわかりますよ。ずっと専《もっぱ》ら守ってばかりだったら、ただのサンドバッグですからね。そうなったらもう手遅れのところがあるんで、そうならないように、スパイやその協力者や、外国勢力を手引きするような議員であるとか、その議員にこそ接触している外国人の存在に気づいたら、すぐに警察に通報する。そういうふうに常日頃から民間人のセンスを磨いて常識化しないと、なかなか改善されないと思いますよ。

――でも、いまの警察官って動いてくれない感じですよ。

坂東　いえ、いまの警察官の中にもこのままじゃ国を守れないと考えてる人間はいっぱいいいます。いるけど、声に出せないんです。実際、私が電車に乗ってるときに、「坂東さん、応援してますよ」って言ってくる人はいますよ、桜田門のあたりで降りていきましたので本部の方かと思いました。

前田　でも、そういう声があるということはいまの警察がうまく動けてない状況であるということでもありますよね。

坂東　警察官が萎縮するような状況が存在するとは思いますね。

前田　これはたぶん坂東さんがいいにくいだろうから自分がいいますけど、いまは加害者の人権とかいいすぎですよ。犯人を捕まえてもマスコミは名前も出さない。そのくせ、被害者の名前はバンバン出して顔写真までさらす。裁判しようとしてもすぐに不起訴にして無罪放免。中国人は普通免許も1日で取れて飲酒運転して日本人をひき殺しても不起訴ってどうなってるんですか、これ。

――だから、ほとんどの大手メディアが反日じゃないかと思ってしまうような報道姿勢にも問題を感じますね。

坂東　メディアの場合は反権力思想や「俺たちが権力を監視してやってる」という根拠のない特権階級意識が間に入りますね。ただし、それを中国が研究しているというのは聞いていますが、どこの部署がやっているのかはわからないですね。そういうのがそれぞれ細分化されて中国にあります。

前田　自分が聞いたことがあるのは、「共産党と人民解放軍でよく勉強されてる本に『資治通鑑《しじつがん》』と『厚黒学《こうこくがく》』というのがある」ということです。前者は縦横家による交渉や歴史の推移の精細、後者は清朝末期に非対称戦を主眼に置いた戦略書で、戦闘じゃない普段の生活の中で、長い時間を使って国を弱体化させる方法が書いてあって、「一番弱りきったところにちょんと小突いただけでグシャグシャと自滅するような戦い方をしろ」と。こういうのを専門で研究している部署があるんですよ、人民解放軍とか共産党の中に。

坂東　いわゆる「超限戦」ですね。

前田　その「超限戦」のもとになった本ですね。

坂東　だから、それぐらい「普段の生活から戦争なんだ」というのがあの国の考え方ですからね。一方、日本人は普段と有事を分けています。戦争が終わったらもう友達だという意識ですね。そういう意識の違いが日本の現状に出ていると思いますね。

——だから、すぐに可哀想という意識になりがちで、日本を守る人たちを支えてあげられるような空気がなかなか育っていかないですね。

坂東　ですから、これを読んでくれる方にお願いしたいのは、治安機関が治安を守れる状況をつくるために、SNSなんかを使って発信してほしいということです。昔は全員が視聴者でしたが、いまは一人ひとりが発信局でもある時代です。国民各自が正論を堂々と発言し、互いのやる気を温め合って、灯をつけ合わないと日本がダメになっていくんじゃないかと思いますね。

前田　本当はね、外国人がちゃんと日本人になろうとすればいいんですよ。俺が金を出して買った土地だからとか、自分の宗教を押し通したりとかはダメでしょ。

坂東　郷に入っては郷に従えの基本がない人間を、郷に入れてはダメなのです。帰化するとは「日本に帰属化する」ということ。そもそも日本の決まり事に従わない人間を、なぜこれほど無制限に受け入れっぱなしなのか？　入れたあとに彼らのご意見を拝聴して対応「させていただく」ってな調子だから、お金がかかって、税金がかかるんで、最初から入れないことが一番大切です。あとは彼らを入れるためには保証人になった日本人にも責任を負わせないとダメですね。身元保証した外国人が罪を犯したら一緒に責任を負って被害回復を負担するとか、前例のない時代なんだから前例がない対策があって当然ですよ。結局、こういう日本人が彼らを使って私腹を肥やしているわけですから。

前田　誓約書も書かせてそれを破ったら一発で強制送還とかのルールが必要ですよ。ところが、こういうものをつくろうとしても日本の国会がつくらせない。よく日本はスパイ天国っていいますが、日本の政治家こそが最悪のスパイのような気がしてきましたね。

坂東　いえいえ、「いい人」もいますよ。「いないほうがいい人」もいますが（笑）。そういう本当に我が国のことを思って活動する人たちと連携して国を変えていく動きをつくっていきたいんですよ。

前田　同感ですね！

第2ラウンド

日本の外交は
どうなっているのか？

山上信吾（やまがみ・しんご）

前駐オーストラリア特命全権大使。アボット元豪首相をして、「豪州人の心に永遠の印象を残した桁外れの大使」と言わしめた。1961年東京都生まれ。東京大学法学部卒業後、1984年外務省入省。コロンビア大学大学院留学を経て、2000年在ジュネーブ国際機関日本政府代表部一等書記官、その後同参事官。北米二課長、条約課長を務めた後、07年茨城県警本部警務部長という異色の経歴を経て、09年には在英国日本国大使館政務担当公使。国際法局審議官、総合外交政策局審議官（政策企画・国際安全保障担当大使）、日本国際問題研究所所長代行を歴任。その後、17年国際情報統括官、18年経済局長、20年駐オーストラリア日本国特命全権大使に就任。23年末に退官し、現在はTMI総合法律事務所特別顧問等を務めつつ、外交評論活動を展開中。著書に、駐豪大使時代の見聞をまとめた『南半球便り』（文藝春秋企画出版部）、『中国「戦狼外交」と闘う』（文春新書）がある。

◎日本の外交はいま機能しているのか？

――今日はお二人に日本の外交のあり方についてお聞きしたいと思っています。

前田　山上さんが書かれた『日本外交の劣化』（文藝春秋刊）を読みましたけど、日本人の劣化というのはどこでもありますね。

山上　プロレスの世界もそうですか？

前田　自分が思うのは、新人類と言われる人間たちが出てきた頃ですかね。

山上　役人の世界も僕らの10年下くらいまでは結構いいのがきてるんですよ。今の50代ですね。ところが20年下になると40代前半。だから、ちょうど脂が乗りきってるはずの課長クラスの中にヤワなのが多くなってきてますね。公務員人気が下がり、東大法学部の一番優秀な層が霞が関にこなくなりました。

前田　山上さん、これ、正直にいいますけど、外務省って現在、機能してるのかなって思うときがあるんですよ。

山上　いやぁ、面目ないですね。外務省が全体として見て情けないのはそのとおりです。ただ、そこここに、いいのはいるんですよ。こんな外務省ではいけない、日本の外交を変えないといけないと思っている人間はいるんです。なので、外務省全体をボコボコにすることによって、そういうやる気のある人間まで潰してしまうのは国家としてもったいないので、いい人間は応援して、ただし、責任ある立場にいて、「なんてことをしでかしたんだ！」って奴はボコボコにしてほしいですよね。だから、私はこの本（『日本外交の劣化』）の中でもあえて個人名を出しました。

前田　えっ、これ仮名じゃなかったんですか⁉

山上　実名です。透明性を高め説明責任を負わせるために、いままでの外務省のタブーに切り込んだんですよ。ですから、いろんな人間から恨まれています（苦笑）。でも、面白いのは何人もの大先輩がね、もう80代、90代の人が私に内々連絡を取ってきて「よくぞ、書いた。俺たちの思ってたこととまったく同じだ」と。「お前の言うことに120%同意する」と言ってくれています。

前田　この本を読んで最初に思ったことはオーストラリア駐在大使のときにオーストラリアの大統領から感謝の腕時計を貰《もら》ったと。それで「あれ？」って思ったんですね。自分的な感想としては世界でオーストラリアが対中政策を凄い強硬にやってたんですよ。あれはどういう経緯《いきさつ》だったのかなってずっと思ってたんですね。そしたらこの本を読んでわかりましたよ、山上さんも協力してやってたんですね。

山上　各国駐豪大使の中では先頭に立ってやってました。アメリカ大使もイギリス大使もようやらなかったんですよ、目立たないように逃げてね。日本国の大使としては前面に出ていってオーストラリアを励ましました。励まし続けた。日本もかつて中国にレアアースの輸出制限という威圧外交をやられたことがあると。

——今のこの話って、いわゆるサイレントインベージョン（静かなる侵略）で、中国が密かにオーストラリア国内に浸透していって、かなりにっちもさっちもいかない状況になっていたというのがあったわけですよね。

山上　そのとおりです。ただ、中国はやり過ぎたところが二つあって、一つは政治家に対しての買収工作を進め過ぎた。例えば、サム・ダスティアリという野党労働党（当時）の上院議員がいたんですけど、中国系企業から金を貰って、南シナ海の問題で中国べったりの発言をしていたんですよ。それが暴露されて議員辞職に追い込まれました。もう一つはオーストラリアの安全保障にかかわりのあるようなインフラ、例えば港や電力網に中国系が入り込んで直接投資して、これもオーストラリアを相当刺激しました。それでオーストラリア人も動き出したんですよ。

前田　でも、日本ももうそうなってませんか？　港湾の各所とか自衛隊の基地の各所とかを中国が買収していて、中でも凄い浸透されているのが日本全国にある空き家。どんなボロでも5000万円、6000万円で買い取ります、私たちに相談してくださいっていうのをガンガンやってますよ。

山上　ですから、日本こそね、最前線の国なんですよね。中国の脅威に対抗する意味では。しかし、その意識がなさ過ぎるんですよ。オーストラリアはあれだけ離れているからある意味、距離に助けられている部分はあります。でも、日本は飛行機で2時間ですよ、上海なんて。中国で混乱があった場合はすぐに数十万、場合によっては数百万規模の難民が大挙して押し寄せてくるような距離感なんです。だったら、もっと危機感をもたないといけないのに、これが外務省もそうだけど、政治家、マスメディア、もうね、国全体として危機感がなさ過ぎますよね。

前田　この前も、二階（俊博）氏が中国に行ってますからね（2024年8月27日から29日まで、日中友好議員連盟訪中団が北京を訪問。二階俊博、森山裕、福島瑞穂、岡田克也、小渕優子らが参加）。

山上　私にはあのタイミングで中国に行こうとしたのがとても理解できない。だって、ミサイル5発を日本の排他的経済水域に撃ち込んでくるわ、福島の周りの水は放射能で汚れてると言って日本全国からの水産物を全面禁輸にするわ、靖国神社に落書きしてあまつさえ小便までする！　日本人のビジネスマンも拘留したままでしょ。

前田　出発の前日には長崎の男女群島沖を情報収集機のY－9が領空侵犯してましたよね。

山上　だから、そこまでされててなぜ行けるのか。百歩譲ってキチッと中国に申し入れをするためだったらいいですよ。でも、それだったらなぜ中国首脳陣に深々と頭を下げてニヤニヤ笑っておもねって。これね、国民感情として許せないですよ。

前田　深圳《せん》であった日本人の児童刺殺事件もあの議員団が帰ってきたあとですから

ね。知ってます？　ただ刺しただけじゃなくて、お腹をズタズタに、腸が露出するぐらい切り裂いたんだよ。本当に許せないですよ。

山上　彼らが行くから中国は日本に対して何をしてもいいと思うんですよ。でも、そうでしょう。自民党の幹事長までやった人間があんな深々と頭を下げて。しかも、彼ら習近平に会えなかったわけでしょ、あのとき。向こうはナンバー3の趙楽際《ちょうらくさい》という人間を出してきたわけですよ。完全に舐められてますよ。

前田　大議員団を連れて行ってナンバー3に媚《こ》びへつらって日本の恥を世界に晒しただけ。

山上　あれだけ大騒ぎをして、何をやってるのかですよ。赤っ恥をかいて帰ってきただけですよ。ところが、大新聞はどこもそうは書かない。

前田　自分は凄い印象に残った話があって、石原慎太郎さんが都知事のころに日本の在中国大使が「日本はいずれ中国に屈服して中国の属国になる」って言ったことです。

山上　ああ、丹羽宇一郎氏ですね。

前田　なんでそんな人を中国大使にしたんですか？「日本は中国の属国になったほうがいい」と堂々と言ったんですよ。

山上　そもそもあの人は伊藤忠の会長だった人なんですよ。あのときは民主党政権で、あの人を大使にしたのは当時の外務大臣の岡田克也だと言われてます。岡田さんもイオングループの御曹司という背景があり、中国との貿易・投資関係を重視してきた政治家です。だから、中国ビジネスなんですよ、裏にあるのは。伊藤忠も商社の中で一番中国で成功しているから、そこのところの胡散臭さは常にありますよ。

前田　あの大使、「日中関係のためにODAを続けるべきだ」とかトンチンカンなことばっかり言ってたんで「これは？」と思ってたんだけど、やっぱりそういう人間だったんですね。

山上　あれも当時の政権が悪かったというのもあるんですが、民間から大使を迎える場合は外務省がキチンとセキュリティ・クリアランスをしないといけないんですよ。そして、領土や歴史認識など、国家として譲れない問題があることをしっかりと教育しておかないといけないのです。でも、それをやっていない。

前田　外交が、政治と経済に完全に引っ張られてますね。

山上　そこが凄く大きな問題ですね。

◎外務省はなぜ弱腰なのか？

――そもそも外務省はなぜ弱腰なんですか？

山上　私も40年いましたけど、外務省というのはね、日本社会の縮図なんですよ。私も入るまでは、「この役所に入ったら自分と似たような考え、歴史観、国家観を持ってる人間が揃ってるんだろうな」と思っていたんですよ。私、高校のときから外交官になりたいと思っていたので。大学でも就職は外交官になることしか考えていなかったんです。外交官に憧れたというよりもなぜ日本外交はこんな情けないのか、自分が中に入って変えたいなと。ある種、生意気ですけど、そういう気持ちをもって入ったんですね。

前田　いや、みんなそうあってほしいですよ、外交官は。でも、違ったと。

山上　全然違いました。なんのことはない、いろんな勢力が外務省に人を送り込んでいたんですよ。背景には反日勢力もいますし、新興宗教団体もいる、共産党もいれば、中には海外からの影響を濃厚に受けた連中もいます。朝日新聞社員の子弟なんかごまんといますからね。石を投げれば朝日や主要紙社員の子弟に当たるんじゃないかと思うぐらいいます。そういう世界です。

前田　最初の段階ですでに汚染されてるんですね。だから、領空侵犯されているのに何も言えないんですね。

山上　例えば、今の駐中国大使は事務処理能力は高いけれども、如才ない受験秀才でケンカができないんですよ、中国の外交官と。「お前ふざけるんじゃないぞ」というケンカができない。もっと問題なのは、彼にケンカができないなんてことは政治家なら一目見ればわかるわけですよ。岸田文雄氏だって林芳正氏だって上川陽子氏だって。だけど、この3人が揃って逃げた。中国にきついことをいう、恨まれる役を俺たちはやりたくないと政治家の腰が引けてるからこういうことになるんですよ。ここも致命的です。本当はね、上川陽子氏なんて王毅外相と会ってるわけだから王毅に一本電話して「あんた、なんてことしてくれるの！　これじゃあ、日本国内保《も》たないわよ」と言えばいいんですよ。岸田氏だって習近平に言えばいいのにやらない。もしも電話に出ないんだったら手紙を書くとかね、いろんなやり方がありますよ。

前田　向こうなんて好き勝手なことを言うわけでしょ。中国人が世界で一番罵詈雑《ばりぞう》言《ごん》を吐く連中でしょ？

山上　もうありとあらゆる罵詈雑言を浴びせかけてきますからね。でも、外交の世界ってそうなんです。みんな出発点としては腹いっぱいのことをぶつけないといけないんですよ。ただ、一つあるとすれば、日本人の中に中国人幻想があるんですよ、三国志とかを読んでいるから中国に対してなぜかいいイメージがあって、「中国人はああいう歴史で揉まれているから外交上手なんでしょうね」という思い込みがあるんです。でも、それは過大評価。全然そんなことない。いかに国際社会で嫌われているか。実際、中国の周りに友好国なんてないでしょ？　中国とまあまあ話せるのはパキスタンと北朝鮮ぐらい。韓国だって中国を警戒してるし、日本、フィリピン、インド、モンゴルなんて冗談じゃないって感じでしょ。それだけ中国というのは、特に中国共産党は敵を増やしてるわけですよ。だからこそね、日本外交の出番なんです。日本はブランドだから。世界のどこに行っても信用があるんですよ、日本国、日本人は。それを利用すればいいのにできてない。

前田 やっぱり信用あるんですね。

山上 信用あります。ムチャクチャあります。ただ、それはいいときと悪いときの両方あって、いい意味では友達にしたときに日本人はきちんとして詐欺を働くようなことはしないだろうなという意味の信用です。ところが、それを悪用して日本人は人がいいから簡単に騙《だま》せると思ってる輩もいます。

前田 中国がそうだし、韓国にもそういう人間は少なくないね。

山上 あとは外務省と政治家の中に脈々とあるんでしょうね。目の前の相手におもねってなんとか丸くまとめようとするクセが。

前田 それも国益を損なう方向で丸く収めようとするでしょ？　なぜならそのほうが自分が楽だから。そこですよ、問題は。

山上　最後までいがみ合う、張り合うことに疲れちゃってなんとか丸く収めるクセが日本人の中にありますね。和をもって貴しとなすのが、外交の世界では裏目に出ます。もっとガチンコで強く当たればいいのに、ヘラヘラと笑ってナヨナヨと握手しちゃう。

前田　ほかの国はそういうことないわけでしょ？

山上　いや、外国の外交官でもあります。そもそも外交という職業に携わっているような輩はそういう連中が結構多いんです。俺たちは平和のエージェントなんだから軍人とは違って相手とは話し合いでまとめなきゃいけないという意識が強すぎるんです。そうすると足して2で割る外交になってしまう。それはアメリカの外交官の中にも、イギリスやオーストラリアの外交官の中にも多くいます。でも、そういう人間は軍人や情報機関の人間からバカにされますよ。

前田　日本だけということじゃないんですね。

山上　中国の外交が世界の中でも異質というのは事実です。しかし、日本はそんなことを言っていられないじゃないですか。隣国ですよ。飛行機で1時間、2時間の距離で、放っておくと中華秩序に飲み込まれかねない位置にあるのですから、彼らとガチンコしなきゃいけないんですよ。

◎歴史問題

山上　先ほどの外交官のセキュリティ・クリアランスの話で、もう一つあるのが歴史問題です。尖閣は中国のものだとか、日本は中国で悪いことしましたとか、慰安婦を強制連行しましたとかね、そういう根拠のない一方的なことを言わせないためにしっかり研修・教育するというのも大事です。

――歴史問題は日本人にとってネックですね。僕ら自身が「南京虐殺やっただろ」と言われると「いや、30万人も殺してない」とかそのぐらいしか言い返せないことが多くて。

山上　歴史問題は世界の標準を理解しているかいないかで反論の仕方が全然違うんですよ。あのときの南京というのは日中戦争の最前線だったわけです。中華民国の首都ですから、あれは首都攻防戦です。なので、南京を取り囲んだ日本軍は何度も「降伏しろ」と呼びかけています。ところが、中国軍の総大将の唐生智《とうせいち》が何をしたのかというと、降伏せずに部下を置き去りにして逃げたんです。徹底抗戦を叫んでいながら自分だけ敵前逃亡ですよ。

前田　えーっ、最悪ですよ、それ！　死刑でも足りないでしょ。

山上　前田さんのおっしゃるとおりです。たとえ戦争であっても絶対にやっちゃいけないことなんです。だって、残された兵士は降伏できないわけです。降伏できないから兵士も逃げるしかない。そしたら逃げようとする兵士を「逃げるんじゃない」と同じ中国人の督戦隊が背後から撃つなんてことも起きるわけで、戦場は大混乱だったことは間違いない。それでなくとも、首都に攻め入られるときは大混乱が起きるんですよ。イラク戦争のときだって米軍がバグダッドに行ったときは大変だったでしょ。乗り込むほうはいつ街角から弾が飛んでくるかわからないから物凄く警戒するし、そういう極限状況の中で向こうの市民を何十万人も殺したかのように演出すること自体がもう創作なんですよ。

前田　いましか100万人殺したとか言い出しましたからね。

山上　南京で100万人殺して慰安婦は20万人の性奴隷だと言っているでしょ。もう向こうに都合のいい理屈だけが一人歩きしているので、これにはしっかりと反論しないといけないいんですよ。そこで日本の外交官が弱かったのは間違いない。

前田　反論していないんですか？

山上　反論している人間もいます。ただ、政府全体のラインというのが国会答弁みたいなコンニャク問答なんですよ。だから、まったくパンチが効かないわけです。例えば、南京事件について言えば、政府の国会答弁でなんて言ってるかというと、「日本軍の南京入城後に非戦闘員の殺害行為があったことは否定できない。ただ数については諸説あり確定できない」と言ってるんですよ。

前田　なんですか、それ。

山上　だからね、右と左のバランスをとってるんですよ。保守とリベラルのどっちの顔も立てようとしてる。こんな答弁では国際社会に出ていって、「日本は虐殺をやった」と騒いで回っている中国への反論にはならないですよ。だから、それぞれの外交官がしっかりと歴史を勉強して、相手を見ながら、「いや、あのときの南京はこうだったんだよ」と。人口が20万人しかいなかったのになぜ30万人も殺せるのかと。

前田 自分が小学校で習ったのは南京大虐殺で4万人が死んだって話でしたよ。

山上 向こうは調子に乗ってドンドン増やしているんですよ。ただ、気をつけなければいけないのは、日本人がこの話を始めるとすぐに数の理論に入っちゃって「いや、30万はありえないよ」と。「4万だったらあったかもしれない」とかね。でも、そこじゃないんですよ、問題の本質は。要するに虐殺といわれているような「無辜《むこ》の市民に向けて機関銃を乱射して殺戮《さつりく》しまくるようなことはやってない」ということなんです。だって、南京という首都を死ぬまで守るのかと思ったら逃げ出す兵隊がいっぱいいる。それだけじゃなくて軍服を脱いで安全地帯に逃げ込んで、そこで悪さする奴がいる。中には民間人の服を着て日本兵を狙ったりとかしてくる。いわゆる「便衣兵」の問題ですね。こういう状況で殺すのは虐殺なんですか?と。

前田 戦闘中に軍服脱いだら国際法違反ですよ。

山上　そのとおりです。市民のふりして日本兵を襲うというのはもう戦争ではないですよ。これこそ「虐殺」を逆手に取った卑怯《ひきょう》で悪辣《あくらつ》な手法です。そういう最前線の中で、日本兵は戦ったんだとしっかり反論していく。このラインを死守し、持ちこたえていくことが大事です。ただね、最初に南京大虐殺だっていい回ったのは中国人だけじゃなくて、アメリカ人宣教師やイギリス人のジャーナリストなんかもいたでしょ？　あれが中国側のスパイだった者もいれば、ひん曲がった根性の持ち主で日本は悪い奴だけど中国はいい奴だみたいな幻想をもってるのがいっぱいいるわけですよ。彼らが「南京大虐殺」というストーリーをつくって流布させたことも原因です。だから、中国側だけの問題じゃないのが南京大虐殺の厄介なところです。

前田　だから、それも含めて正しく実情を知って自分たちで反論できるようにしておけばいいいってことなんだよね。

◎アメリカの属国問題

前田　山上さん、自分はね、今の日本の外交の問題点の原点って吉田茂にあると思うんですよ。吉田茂がＧＨＱの言いなりになったというのもあったでしょ？

山上　吉田茂の話でいうと、やっぱり戦後長らく続いてきた日本のこの状況の基礎をつくったのは間違いないですよ。というのも１９５２年に占領が終わり独立を回復したときにね、「こんな憲法なんていらない」と、「アメリカから押し付けられたものをなんで崇め続けないといけないのか、新しいものをつくりましょう」とか、「軍隊も当然日本として復活させます」と、やればよかったんですよ。

前田　しかし、吉田茂は経済優先で国防はアメリカ任せにしちゃったでしょ？

山上　まさにそこです。それが今の日本の源流で、吉田茂の時代に基礎がつくられたということは間違いない。だから、今の日本人は精神構造までそうなっちゃったんですよ。で、吉田たちがなんでそんな路線を好んだかというと戦前、戦中に軍部に虐められたという被害者意識がとても強いからだと見ています。

前田　A級戦犯を保身栄華のためにいっぱい仕立て上げたでしょ、吉田茂は。正真正銘の売国奴ですね。

山上　まあ、同胞を差し出したわけですから。戦中は陸軍が横暴を極めた、あるいは我が物顔で声を張り上げていた軍人もいたでしょう。でもね、戦争で負けたことによって陸軍、海軍すべてを悪者にして自分たちは被害者みたいな顔をしているというところが、ある種戦後の日本の起源であるというのがね、凄くさみしいですよね。「敗戦利得者」という呼称は免れられないでしょう。

前田　無責任ですよ。

山上　そもそも対米開戦のときは多くの人間が快哉《かいさい》を叫んだことは史実が伝えるところです。だからこそ、敗戦の苦痛は国民全体として耐えるべきでした。ところが、「悪いのは軍部で自分たちじゃない」ということにしてしまった。僕は日本社会で一番嫌なのはそこです。責任の追及が一方的で甘いし、ポピュリズムに流れがちなのです。それが根底にあると何か苦労をしたときに裏切り者が出るでしょ。シベリア抑留のときもそうでしょ。ソ連に寝返った人間がいっぱいいた。

前田　瀬島龍三ですね。彼の回想録の『幾山河』を読みましたけど、「本当かよ」ってところがいっぱいありましたね。

山上　シベリアからソ連の飛行機に乗せてもらって帰ってきたとされる瀬島もそうですけど、さらに下の階級でもありましたからね。また、マッカーサーの言葉に「ドイツ人は40歳の大人だけど日本人は12歳の子供だ」というのがあっていろいろ批判されてますけど、〝精神的に簡単に教育、洗脳できる〟とまでいわれたというのはね、国家・国民として最大の恥だと受け止めて改める部分はあったと思いますね。

前田　逆にマッカーサーが本国に「日本の治安はどうだ？」と聞かれたときに「日本は屈伏以上の屈伏をしている」という報告をしてますよ。ということは、必要以上に反省して反省し過ぎて自虐的になってしまったというのもあるでしょうね。

ただね、反省し過ぎた人たちもいた反面、GHQが進めるものに小躍りした人たちもいましたよね。なぜかというと農地改革があったでしょ。土地を解放してもらったんでマッカーサーさまさまってことですよ。だから、マッカーサーが本国に帰るときに日本人は旗行列で送ったんですよ。「経済を良くしてくれた、お金をくれたマッカーサーさまありがとう」って。

山上　だから、どこかいまもその感覚のままなんですよ。外国に媚びへつらう輩は。

前田　あと、日本外交の弱さの原点って、先ほど山上さんがちらっといった憲法にもあって、うがった言い方をすると憲法九条があるんで日本の外交は弱腰なんですか？　要は戦争を仕掛けられたら占領されるしかないんで揉めないよう揉めないよう、相手が折れないんだったら自分が折れなきゃいけないという、そういうのはないですか？

山上　それはないと思いたいです。憲法九条があっても自衛のための戦争を日本は認められているからです。ただ、国を守るために武器を手にとって戦うという国民の意識が先進国で一番低いのが日本です。敵が攻めてきたら何もしないとか、海外に逃げるとか、こういう連中が多いんですよね、日本は。これは戦後日本の特徴だし、戦後教育の影響だと思いますね。

前田　でもね、日本の次に低いのがイタリアで、その次はドイツなんですよ。戦争に負けた国はみんな自分の国を守るために戦いたくないと思ってるんですね。その理由はアメリカのプロパガンダなんだろうなと思いますよ。

山上　それも間違いないですね。日本人の牙《きば》を抜こうとしたのがアメリカの占領政策であったし、だからウォー・ギルト・インフォメーション・プログラムがあったわけだし。でももう目覚めないといけないですね。実は私も外務省にいたときには、ずいぶんアメリカ人とこのことで議論しましたよ。歴史問題で、「日本は中国、韓国から言われ放題だ」みたいな話になったときに、「それはもともとお前らが植え付けていったものだろう。種を蒔いたのはGHQだろ。ウォー・ギルト・インフォメーション・プログラムのせいだろう」と反論すると、だいたいのアメリカ人が非公式に言ってくるのは「その言い分はわかるけど、もう何十年も経ったんだから自分自身で変えないとダメだろう」ということです。

前田　でも、属国状態はまだ続いているじゃないですか？　例えば、年次改革要望書のようなものがあるんだから。

山上　あれはね、年次改革要望書は日米構造協議の中から出てきたようなもので日本経済に勢いがあってアメリカが貿易赤字で苦しんでるときに始めた貿易赤字の解消策みたいなもので、アメリカ製品がもっと日本で売れるようにしようという動機から発しています。

前田　でも、郵政民営化の話も年次改革要望書から出た話ですよ。

山上　そこはね、詰まるところ日本の問題だと思いますね。アメリカ政府がアメリカ企業の都合のいいようにやらせようとするのは当たり前で、構造改革みたいな話であればなおさらです。だから、是々非々で、日本人自身がこんなのに乗れないと思えば、ノーといえばいい話なんですよ。

前田　いや、ノーがいえないんじゃないんですか？　自分はある国会議員と対談したときに、「アメリカにノーといったら殺される。肉体的に殺されないまでも政治的に殺されることは間違いないね」とはっきり言ってましたよ。

山上　殺される……。う～ん、すべてノーだとか、あるいは中国やロシアに近づくようなことをやったら、それはアメリカも日本との同盟関係をつくるために血を流しているので物凄く反発しますよね。事実、それになりかけたのが鳩山・菅の民主党政権で、ああいうことになれば「政治的に潰す」ということもあるとは思いますけど、郵政民営化にノーといったら殺されるというのはないと思いますよ。その程度のことまで躊躇《ちゅうちょ》していたら何もできないでしょう。

前田　いや、でも、ゆうちょ銀行の350兆円の金をアメリカは中東戦争の戦費穴埋めのためにノドから手が出るほど欲しがっていたじゃないですか。具体的にいえば湾岸戦争の後始末をクリントン政権になってやることになったけど金がない。戦争がアメリカの財政を圧迫してるんで、クリントンは日本に対して年次改革要望書を使って、戦費の穴埋めとはいわずに、郵政を民営化したらどうだと言ってきた。

山上　あのとき、アメリカは日本の懐に手を突っ込もうとしました。手を替え、品を替え、日本の懐から取れるものは全部かすめ取ろうとしてきます。でも、それにはノーと言うことはできます。だって、郵政民営化の要望は小泉政権の前からもあって、ずっとノーと言ってきたわけですよ。それを小泉政権になってやっただけですから。

前田　確かにね。あのとき自民も民主の議員もみんな、郵政民営化なんてできるわけがない、やる必要はないと言ってましたよ。ところが、そこに小泉純一郎が出てきて「いまはバブルのあとで不良債権がいっぱいあるのに、ゆうちょにぶら下がってる奴らが邪魔しようとする。だから、そいつらを追い出してやるんだ。自民党をぶっ潰す」とやった。マスコミもそれに乗って、国民もそれに踊らされて郵政は民営化されてしまった。で、気づけば、小泉純一郎は総理になってその一派たちも政権の中枢に収まっていましたよね。

山上　ですから、これね、多くの人が誤解していますけど、年次改革要望書の問題はアメリカにいわせて、それを日本で利用する人たちや勢力もいるということです。私、郵政民営化なんて完全にそうだと思いますよ。アメリカが言っているからというのを追い風にして日本で自分たちがやりたいことをやる勢力が日本の中にもいるというのが大きいと思います。要は外圧利用ですよ。

——確かに竹中平蔵とかオリックスとかにはそれを感じますね。

前田　小泉純一郎なんかゆうちょの金をアメリカに渡し、竹中は、つくらなくてもいい派遣社員をつくり出して日本の雇用をメチャクチャにし、そのくせ自分はパソナで大儲け!!

山上　そうした問題が外圧を利用している日本人ということになるのでしょうね。で、彼らがアメリカという虎の威を借りて金儲けをしている勢力でしょうけど、これはどちらかというと企業と政治家の癒着の話ですよ。そこに外交が引きずられるのが悪いといわれれば確かにそのとおりですが、基本的には経済の話なので、外交の立場から何かいうとすれば、日本もドンドン注文をつければいいんですよ。例えば、アメリカに「なんでお前らこんなにインフラが弱いんだ」と。「だったら日本が助けてやる。日本の新幹線を買えよ」とかね、「なんでアメリカのトイレはこんなに汚くて臭いんだ。ウォシュレットを導入しろ」とか。そういうふうに日本に金が落ちるように日本もドンドン要求をぶつけていけばいいんです。それから安全保障だって、いまの日本の自衛隊に中国とタイマンでドンパチやれるだけの力量はないでしょう。そうすると米軍を使わないといけないわけですが、何か起きたときに米軍の力をどう利用するのか。アメリカの力を借りて敵を叩くという発想をね、これは自衛官の人も思っているけど、政治家もほかの役所もメディアももたないとダメですね。

前田　じゃあ、山王ホテルでやってる日米合同委員会はどう思います？　いまから12、13年前に日米合同委員会についての鋭いルポが3冊ぐらい出たんですね。内容を見ると「これは大騒ぎになるな」と思ったんですけど、どこも取り上げないですね。

山上　日米合同委員会には私、何回か出たことありますよ。あれは背びれ、尾びれがついちゃって噂《うわさ》ばかりが肥大しています（苦笑）。もともとは安保条約の下に地位協定があって地位協定の運用について議論するために外務省だとか、防衛省だとか関係省庁の基本的には局長クラスが集まって会議する場です。

前田　最高裁の判事までいるって話もありますよ。

山上　行政府である法務省の人間はいましたけど、司法府である最高裁の判事はいなかったはずです。だから、巷間《こうかん》言われてるような国の根幹を決めるような話では全然ないのです。例えばね、何年か前に沖縄の国際大学に米軍ヘリが墜落して死傷者が出ましたが、どうやったらああいう事件の再発を防ぐか、あとは事件が起きたときに現場を仕切ったのは沖縄県警でしたけど、米軍とどういうふうに連絡・調整をするかとか、そういう実務的なことです。ですから、これも共産党系の極左の人たちが書いた本の影響ですね。合同委員会に出ている人間が「そういうことはない」と言っているのにどうしても信じてもらえない（苦笑）。まあ、共産党の世界では指示はコミンテルンからきていたので、その類推で物事を見ている面があるのでしょうね。

前田　まあ、そうですね（苦笑）。結局、自分たちには真偽がわからないわけですよ。ただ、なぜこんな話が出てくるのかというと、いまの日本がアメリカの属国で、アメリカの言いなりじゃないかと日本の国民は思ってるわけですよ。政治家も役人もアメリカの言いなりばかりじゃないかってことで怒ってる。そこですよ。

山上　そこの気持ち自体はよくわかるし、私も怒っています。でも、日本は属国ではないですよ。いまは国力その他でアメリカに負けている部分はもちろんありますけど、私、40年間外交の最前線にいて属国だなんて思ったことないです。そう思わされているということがプロパガンダです。だいたい、そういうことを言ってくるのはロシア、中国、北朝鮮あたりなんですよ。負けてる部分はあります。だけれども、アメリカの力を利用してうまく相撲を取るというんですか、国際社会で。同時に、アメリカとは別なんだと。アメリカと一体化しちゃうと日本の信用も下がるだけだし、うまく日米同盟を使いながら距離を取って日本の独自色を出していくというのが大事なんです。例えば、東南アジアとの関係はそうですよね。日本が一番信頼されているわけですよ。アメリカでも中国でもなくて。東南アジアの国で世論調査をやると一番信頼されているアセアン域外の国は日本なんですね。これは日本外交の財産なんで、できるはずなんですよ。

――僕らは「属国プロパガンダ」にヤラれて過ぎているのかもしれませんね。生活が貧しくなって不法移民も入ってきて、医療もおかしくなっているのは「すべてアメリカが日本を属国にしているからだ」と思い込み過ぎている。実は、アメリカの威を借るキツネどもが日本国内にいると。

山上　その可能性は否定できないと思いますよ。

前田　それは確かにそうだよね。製薬会社とつるんで儲ける政治家や学者や企業、官僚なんてわんさかいるからね。

山上　いまの日本の外交が弱いのも、そういう勢力に骨抜きにされているところがあるのが情けないんですよ。

前田　いや、情けないのは政治家も一緒ですよ。対談の冒頭で「外務省は機能してるんかな」って言いましたけど、同じこと政治家にも言いたいですよ。「日本の政治家って政治家として機能してないやろ！」って。議員立法も出さんと金だけ貰ってアホかって。いまの国会で審議してる法案って全部官僚が書いてるでしょ？

山上　まあ、だいたいはそうですね（苦笑）。

前田　じゃあ、政治家は何を決めるの？　50年後の日本はこうなる、100年後の日本はこうなる、こうなりたいって言ってる奴が一人もいないじゃないですか。その場しのぎばっかり言って。15年ぐらい前に民主党の選挙応援に行ったんですよ。そのときは自分なりに勉強していろいろ喋ってたら「前田さん、凄いですね。なんでそんなにご存知なんですか」って議員候補にいわれて、それで「あれ？」っと思って「国会議員になぜなりたいと思ったんですか」と聞いたら、なんと言ったと思います？「ステータスですよ」とはっきり言いましたよ。国会はお前らのカッコつけの場じゃないんだよ。

山上 国会議員の年収は1年生でも2400万円ぐらいあってプラス歳費が付いて、新幹線に乗ればグリーン席でしょ。そしたらそれを目当てに政治家になる人間はいます。野党の人間でも1億円貯まったってウシシって笑ってる奴がいます。それを考えたら700人も政治家は要るのかなと。本当に国を憂えて勉強した人間だけでいいですよ。

前田 TPPのときなんか、民主党は大反対だって言ってたんですね。ところが政権取った途端に大賛成。もっと驚いたのがカジノ法案ですよ。国民はみんな反対してるのに超党派でカジノ法案推進委員会みたいなものをつくって、それぞれの議員がやれラスベガスだ、やれマカオだってところから金持ちを引っ張り込んで日本で大パーティをやって。「なんだ、コイツら！」って。

山上 ある国会議員が白状していましたが、議員の9割は政策じゃなくて次の選挙のことを考えてるだけ。どうやって居残るかしか考えてないからそうなっちゃうんでしょうね。

前田　だから、日本の政治家なんかアメリカから信託統治を任されてる管理人ですよ、あいつらは。

山上　なんで日本はこんな情けない国になってしまったのか。韓国から仲のいい外交官が東大に中間研修にきて帰国するときに送別会で言っていました。「日本は、役人は大したことはない。政治家はもっとひどい。だけど、普通の人が凄い」と。タクシーの運転手とかホテルの受付の人がほかの国では考えられないようなやる気と熱意をもって自分の仕事をする。少しでもいい仕事をしようとやっている。これが日本を強くしていると言ってました。だから、上にいる人間がひどいんですよ。

何度も言いますが、領空侵犯されときながら深々と頭を下げて、写真撮るときはニヤニヤ笑ってる。これではね、明治の元勲も靖国神社に祀られている英霊もみんな泣いてますよ。別にね、居丈高に国粋主義者になれというつもりはないけど、静かに国を思って、それで世界に出たときに、胸を張って背筋を伸ばして歩けるような日本人になってほしいと思いますね。

前田　できればアメリカとの信頼関係を損なわずにちゃんとした独立国になってほしいですね、自分は。

山上　外交の仕事をして思うのは、日本はやっぱり良くも悪くも警戒されているんですよ。やっぱり組織力と底力には凄いものがあります。個人の能力は高いし、集団になればもっと凄い。最近の野球やサッカーでも実証されていますよね。これを国際社会にどうやって外交力、政治力として投影していくのか。それにしても政治家が貧弱過ぎるし、政治を支える外務省をはじめとした役人も覇気がなさすぎる。ここが最大の問題ですね。

前田　ＹｏｕＴｕｂｅを見てると日本は滅びるんじゃないかという情報が多いけど、いくらでもひっくり返す余地があるんだよということですね。世界から羨望《せんぼう》の眼差しで見られているところがあるのに、当の日本人がそれに気づいていないというのがもったいないね。でも、それは役人と政治家が萎縮してるからでしょ。だったら、自分たちがアメリカや中国のように威張り散らすやり方ではなく、日本のやり方で日本の良さを伝えていったらいいんですよ。

山上　日本人は日本のことを説明するのがヘタなところがあるので、日本の良さを伝えられるようにするのも一つの手かもしれないですね。それを日本人自身がもっと発信していく。政府の立場を離れたいまだからこそ、私も自分なりに汗をかいていこうと考え、講演・インタビュー行脚、X（@YamagamiShingo）での発信などを通じて努力しています。

前田　そうですね。日本は日本のやり方で発信していくことが、大きな意味で外交になっていくんでしょうね。

第3ラウンド

日本の薬学界はどうなっているのか？

宮沢孝幸（みやざわ・たかゆき）

1964年東京都生まれ、兵庫県西宮市出身。

甲陽学院高等学校卒業。東京大学農学部畜産獣医学科にて獣医師免許を取得。同大大学院で動物由来ウイルスを研究。東大初の飛び級で博士号を取得。グラスゴー大学 MRC Retrovirus Research Laboratory 博士研究員（日本学術振興会海外特別研究員）、東京大学大学院農学生命科学研究科獣医学専攻助手、University College London ウィンダイヤー医科学研究所名誉研究員、大阪大学微生物研究所エマージング感染症研究センター助手、帯広畜産大学畜産学部獣医学科助教授、京都大学ウイルス研究所（ウイルス・再生医科学研究所、医生物学研究所）助教授（准教授）を経て、一般社団法人京都生命科学研究所代表理事。日本獣医学学会賞、ヤンソン賞を受賞。2020年、新型コロナウイルス感染症の蔓延に対し、「1/100作戦」を提唱して注目を集める。著書に『京大 おどろきのウイルス学講義』『ウイルス学者の責任』『なぜ私たちは存在するのか』『新型コロナは人工物か？』（以上PHP研究所）『コロナワクチン　失敗の本質（共著）』『ウイルス学者の絶望』（以上宝島社）など。

◎まずはウイルス学講座

前田 まず、自分が宮沢先生に聞きたいのは何百万年とか何十万年とか猿にしか感染しなかったエイズウイルスが、なぜ突然人間に感染するようになったんですか?ってことなんですよ。自分の友達なんか、猿とヤッたんじゃないかとか言ってるんです（笑）。

宮沢 あっ、それはあるかもしれません。

前田 えーっ、ありえるんですか⁉

宮沢 あるんじゃないですかねぇ。動物とヤるというのは昔からありますから。あとは食料ですね。アフリカでは猿を食べちゃうから。

前田 それ聞いたことありますね。ローランドゴリラなんか捕りすぎて絶滅しかかったっていう。

宮沢 弱った猿がいたら殺して食べちゃう。病気の猿でもですね。あと猿を食べる猿もいますから。病気の猿を食べた猿は感染しますし、その感染猿を食べると感染するでしょうね。

前田　今回問題になってる新型コロナウイルスってコウモリにしかなかったウイルスなんですよね？

宮沢　最初の頃はキクガシラコウモリのコロナウイルスからきたって言われてましたね。キクガシラコウモリからセンザンコウにきて、センザンコウから人にきたんじゃないかって言われているんだけど、たぶんウソですね。

前田　ウソ⁉

宮沢　センザンコウは群れで生活しないので、コロナウイルスが流行りようがないんですよね。ちょっとその説明には無理があるんじゃないかと思いますね。新型コロナウイルスは人工的に改変したウイルスである可能性が高いです。

前田　やっぱりな。人工的なものだと思ってましたよ。

宮沢　それはアメリカの議会で議論されています。アメリカ人が中国に頼んで武漢の研究所でつくらせたことは間違いないと思います。

前田　でも、それを言ってもほとんどの日本人が信用しないですね。

宮沢　信用しない気持ちはわかりますよ。僕だって最初は「そんなことないだろう」って思っていたぐらいです。コロナって、ＲＮＡウイルスだから変異しやすいんだけど、変異がしやすい中では変異がしにくいもので、インフルエンザよりもゆっくり変異します。それなのにアルファ、ベータ、ガンマ、デルタって短期間に次々に変異したから僕たちは凄くびっくりしてたんですね。でも、このときまではまだ「そういうこともあるのかな」って思っていたんです。

前田　デルタが出ても？

宮沢　デルタが出ても「おかしいな。でも、そういうこともあるのかな」って。その考えを改めたのがオミクロンが出たときで、あまりにもありえない変異をしてたから「これは絶対おかしい」と思って調べ出したんです。

前田　ありえない変異？

宮沢　変異って普通、コピーのミスで起こるんですよ。同じものをつくろうとしても、どうしてもちょっと間違えるんですね、写経と同じで（笑）。

前田　じゃあ、変異が起きるのは普通にはあるんですね。

宮沢　起きます、起きます、普通に起きます。特にＲＮＡは変異が起きやすいんですよね。だけど、通常の変異はランダムで起こるんです。ここで変異したかと思ったらこんなところでも変異するのかという感じでかなりバラバラです。ところが、オミクロンの変異はランダムじゃなかったんですよ。「ここをこう変えたらこうなる」っていうことがすでにわかっている部分ばかりが変わっていたんですよ、まるで狙ったかのように。

前田　一見して不自然なんですね。

宮沢　もう完全に不自然。完全に狙い撃ちでした。今までに報告があったところ、つまり、こうすればこういう性質になるとわかっているところばかり変わっているんです。

前田　研究所で人間が遺伝子操作したとしか思えないと。

宮沢　そうとしか思えない。人工的につくられたものだったとしか考えられないのです。

◎オミクロンの怖さ

前田　オミクロン株が人工的だったって話ですけど、症状にも特徴があるんですか？　これまでのコロナとオミクロン株はどこが違うんですか？

宮沢　最初の頃の新型コロナは肺の奥の細胞にかかりやすかったんだけど、オミクロンになってからはその手前、鼻や喉でもかかりやすくなって肺の奥にあまり行かなくなったんですね。だから、肺炎を起こしにくくなったって言われています。

前田　それは良性になったわけじゃないんですよね？

宮沢　病原性が落ちたということになります。かかる場所、つまり、ウイルスが増える場所が変わったのです。また、オミクロンは腸にも感染しやすくなっています。腸に感染すれば下痢とかを起こすことになるのだと思うんですけど、ここでちょっと厄介なのはスパイクタンパクが血液に入ってそれが身体全体に回ることです。大量のスパイクタンパクが産生されると様々な疾病を引き起こします。だから、オミクロンになって以降、重症化率は低いのに死亡率は高いんですよ。統計を見ると80

代だと重症化率が1%なんですが、死亡率は3・8%と約4倍です。死亡率の方が重症化率より高いなんておかしいと思いませんか？　いまはコロナだと気づかずに死んでる人がメチャクチャ多いだろうと言われています。血管系、循環器系の病気で死んだ人の多くが、本当はコロナで亡くなってるかもしれない。僕の仮説としては隠れコロナで死んでる人がおそらく5、6万人ぐらいは毎年出ているだろうという計算になるんですよ。

コロナかどうかはPCR検査をすればわかるんですけど、いま普及している喉のPCR検査ではわかりません。じゃあ、どこをPCR検査したらいいのかというとたぶん便ですね。便をPCR検査したら引っ掛かるだろうと。で、いまいろんな都市で下水のRNAを調べています、コロナの。僕がずっと注目してるのは札幌市です。札幌市では2024年の1月くらいまでは、コロナの感染者数と下水のPCRのコピー数はキレイに一致してたんですよ。ところがいま（2024年8月31日）は感染者数が少ないのにPCRのコピー数は過去最多を記録しています。みんな気づかないうちにお腹の中でかかってますね。おそらくお腹が痛い、下痢っぽい、だるい、頭がボーッとするとかの症状が出ているけど、コロナだと思ってないですね。

前田　医者に行っても対症療法だからまさかコロナだと思わないよね。

宮沢　だから、症状が出ないコロナですね。それで死ぬ人も出てくると思いますね。知らないうちに。

前田　その症状が出ないコロナって最終的に死んだときってどういう死因になるんですか？

宮沢　血栓で詰まっちゃえば心臓の冠動脈なら心筋梗塞ですし、脳なら脳血栓ですね。だから、血栓で詰まったところですね。

前田　でも、本当はコロナだったと。ということは意外なことにいまが一番怖いんですか？

宮沢　コロナ元年が２０２０年だとしたら、コロナ元年には日本人は死なかったんです。21年はちょっと死亡者数が増えましたね。でも、そんなに死んでないです。死にだしたのは22年からです。オミクロンになって死にだしたんです。でも、いま誰も気にしてないでしょ。いま空前絶後の人数が死んでいるのに。だから、いま緊急事態にしないんだったらあの頃、緊急事態なんていらなかったんですね。

前田　だから、最初から緊急事態宣言なんていらなかったってことですよ。それを政府は無理矢理やって飲食店を潰して、中小企業も潰して。何をやってるんだよ、政治家たちは！

宮沢　本当にそうですよね、僕はそれには強い憤りを覚えます。日本人はワクチンを打ってオミクロンになってからメッチャ亡くなっています。

前田　それ、どういうことですか？

宮沢　日本人はワクチンを何度も打っちゃったんですけど、そのせいで逆に多くの人が隠れコロナで死ぬようになっているのではないかと疑っています。

◎ワクチンを何度も打つとコロナで死ぬようになる⁉

宮沢　私の本に書いたのはワクチンを打つと最初効くんですね。2回目打ってしばらくは確かに効いていたんですが、でも数ヶ月で効かなくなって。3回目を打ったらちょっと効きが戻った。でも、すぐに効かなくなって逆にコロナにかかりやすくなった。こういう現象が起きていたんですが、いまもっとややこしいことが起こってて、ワクチンを3回以上打ってるとスパイクに対する攻撃力が弱くなるんですよ。

前田 抗体が攻撃しなくなるってことですか？

宮沢 簡単に説明するのは難しいのですが……。要はどうやって僕たちが治っているかっていうと抗体で治っているというよりも、むしろ感染細胞を免疫が殺しているんですね。ウイルスをたくさん出している細胞を抗体やＮＫ細胞、細胞傷害性Ｔ細胞なんかで殺すんだけど、その作用はワクチンを打ち過ぎると弱くなってしまうんですね。新型コロナに感染しても熱やその他の症状が出にくくなるんですね。

前田 熱が出ないけど、コロナにはかかっている。ということは、身体の中で感染は密かに広がっているってことですか？

宮沢 そうです、そうです。感染細胞が除去できないので、知らんうちにウイルスはメッチャ増えてますね。肺炎の症状が出ていないのに肺でドンドン、ウイルスが増えてスパイクタンパクが大量に血液に流れて、血栓ができて脳梗塞になったり、心筋炎になったりするということです。そういうことがいま起きてるんじゃないんですか？っていうことですね。

前田　タチが悪くなってますよね。

宮沢　ホント、そうなんですよ。いや、若い人だったらいいんですよ、ワクチンを3回打ったとしてもほかのタンパク質に対する免疫でなんとかしのいでいけるんで。だけど、もともと免疫の働きが低い老人がスパイクに対する免疫を落としちゃうと、コロナに感染してもやっつけられないで死んじゃうだろうなって。ところで、前田さんはワクチン打ってます？

前田　いやもう、ワクチンに関しては初っ端から世界中のいろんな人が気をつけたほうがいい、危ない、おかしいという話が出てたんで打つ気にならなかったですね。

宮沢　僕も打ってないんですけど、打たなかった理由は新型コロナに対する抗体を誘導したら逆効果になりうるからなんですね、動物のコロナではそうなんです。「どうせコロナは変異するから抗体を上げすぎたらよくないね。ヤダ。打たない」って言いましたね。「これは罠かもしれない」と言ってたんですよ。なんでかっていうと抗体を上げさせてワクチンを打った人だけ殺そうとするウイルスってつくることができるんですよ。

前田　そうなんですか！

宮沢　つくろうと思えばできますし、自然にできてしまう可能性もあります。だから「それは怖くないですか?」って言って打たなかった。だけど、エッセンシャルワーカーは全員打てってなったじゃないですか。お医者さん、看護師さんとか、自衛隊とか、警察とか、それは凄い賭けですよ。もし逆効果になるウイルスが出現したとわかったらどうするんですか?って話ですよ。打つんだったら3分の1にしてくださいと言ったんですよ。

前田　でも、みんな打ってますよね。

宮沢　ほとんど全員打ちましたよ。病院の関係者は「打たない」と言えない状況でしたね。自衛隊も強制のようでした。

――先生は最初、ワクチンにはあまり反対してなかったから打ったのかと思ってました。

宮沢　いえいえ。関西のテレビで「私は打たない」と最初に明言したのは私ですし、結局「打たない」とテレビで言った専門家は私以外にいなかったと思います。コロナのワクチンは難しいと思っていましたし、mRNAワクチン自体がわからないから、打つんだったらリスクがある人、リスクがある人って75歳以上なので、それ以下の年齢の人はそんなに打つ必要あるんですかと思っていました。そもそもコロナで人が死んでなかったですからね。死んだのは糖尿病の人など基礎疾患をもっていた人だったので。僕、糖尿病じゃないし、肥満でもない。別に打たなくていいんじゃないかとただ単純に思ってたんですね。リスクを計算すると50代は交通事故に遭って死ぬよりも低かったですね。だから、別にいらないんじゃないの？って言ってたんですね。

前田　打つ必要ないですね。

宮沢　だから、僕は辛坊治郎さんとね、関西のテレビ番組によく出てたんですけど、番組で「そんな、みんな打たんでしょ？」って言ってたんですよ。だってね、「mRNAワクチン、なんかどういう危険性があるかわからないし、コロナなんてほとんどの人にリスクはないわけだから打って1割か、2割じゃない?」って言ってたら、辛坊さんは「みんな打つよ」って。「えー、ホントですか。打たないですよ。だって、日本人って医薬品に対する目は厳しいじゃないですか。だからみんな怖がって打たないですよ」と言ってたら、本当にみんな打っちゃったんですよ。それでビックリして「なんか人々の心がわからないな」と思って。いや、本当にビックリしたんですよ。

前田 いや、自分や自分の周りの人たちは最初から打たないと思ってて、家族も打たせてないですよ。

宮沢 僕も家族や私が習っているピアノの先生にも「打たないほうがいいんじゃないですか」って言って。まあ、ドキドキしますよ。それでコロナにかかって死んじゃったらどうしよう、と思いますけど、まあ、死なへんやろうと。ただね、僕の研究室の学生たちは打ちましたね。全然、信用されていない(苦笑)。

◎mRNAワクチンとは何か？

前田　mRNAワクチンというのはmRNAを身体に食い込ませて勝手に増殖させてっていうことですか？

宮沢　増殖するのはレプリコンワクチンだけです。通常は身体の中でスパイクタンパクをつくらせる、そのスパイクタンパクが免疫細胞に取り込まれて、それで免疫が誘導されるという話なんだけど、僕が懸念していたのはワクチンを打ったらいろんな臓器でスパイクタンパクがつくられて、それを感染細胞だと誤認して攻撃しちゃうことです。だから3回目以降は厳しくないですか？と言ってたら、実際に3回目接種から超過死亡が急激に増えて、それを見てからmRNAワクチンはやっぱりダメだと思いました。

前田　過剰なアレルギー反応みたいな感じで〝自分の臓器を自分でやっつける〟みたいな誤爆が体内で起きるってことでですか？

宮沢　というか、誤爆が起こるような仕組みになっています。だから、大丈夫ですか、と。もう一つは日本人ってファクターXがあったんですね。

前田　ファクターX？

宮沢　日本人って最初はかかりにくかったんです。欧米の20分の1ぐらいしか感染もなく、被害も少なかったんですね。ということはおそらくアジアの人たちは今回のコロナに近いやつに、もともとかかっていたんでしょうね。だとしたらもともと免疫をもってるじゃないですか。そういう人たちにワクチンを打ったら1発目からひどい目に遭うって話ですね。

前田　実際に遭ってますね。

宮沢　「1発目、2発目でひどい目に遭ってる人たちがいる。新型コロナに対する免疫をもっていない人も3発目からやられ始めるから3発目でメッチャ人が死ぬんじゃないですか？」って言ってたんですよ。実際に3発目を打ったら人がバーンと死んだんですよ。ところが、結局、ワクチンを打ったときとコロナが流行ったときが一致してたから、「それはワクチンのせいじゃなくてコロナのせいだ」ってなったんですよ。だけど、僕は「いや、打ってすぐに亡くなったのは、やはりワクチンのせいじゃないか」って言っていたんですが、誰も聞かず。それで4、5回目は山がズレたんですよ。それでワクチン推進派はますますコロナの感染のせいだって言い出したんですよ。僕たちも「ああ、そうなのかなぁ」って思い出して。でも、3発目の山はやっぱりワクチンのせいで結構亡くなっていると思います。4、5回目もワクチンを打ったせいでコロナに弱くなってコロナで死んでいるのではないでしょうか。

前田　要はすべてワクチンのせいってことですか？

宮沢　すべてがワクチンのせいではないと思いますが、検証は必要です。ワクチンのせいで逆に新型コロナに弱くなってしまった可能性があります。

◎ワクチンで弱くなった身体は元に戻るのか？

前田　よく聞かれるんですけど、ワクチンを打った人はどうしたらいいんですか？

宮沢　えーとね、感染細胞を攻撃しなくなる抗体の誘導のことを考えると、1回だったら平気なような気がします。2回目からちょっとおかしくなってきます。3回目でメチャクチャおかしくなります。つまり感染細胞を攻撃しない抗体の割合が高くなる。3回目以降はおかしくなったままですね。で、「元に戻るんですか？」ってよく聞かれるんですよ。抗体の型は一度そうなると理論的に元に戻りません。

前田　スパイクが毒で後遺症になっているんじゃないですか？

宮沢　確かにスパイクには毒性がありますが、後遺症とスパイクは関係ないと思います。「ワクチンを体からなくしましょう」とか「解毒しましょう」ってよく言う人がいますけど、時間が経てばワクチンも体から消えていきますし、スパイクタンパクもなくなります。

前田　ということは放っておけば自然に解毒できるんですね。

宮沢　スパイク自体はなくなります。ですから、後遺症を治すのに解毒という言葉は正確ではないのです。問題は免疫がおかしくなってしまうことです。一度おかしくなった免疫は戻そうと思っても戻らないです、残念ながら。

前田　戻せないんですか。

宮沢　原理的に戻らないです。抗体がちょっと違う抗体になっちゃうんですよ。IgG4（免疫グロブリンG4）という抗体になっちゃうんですね。IgG1（免疫グロブリンG1）とIgG3（免疫グロブリンG3）はいいんですけど、IgG4になったら攻撃力がなくなるんですよ。「じゃあ、4を1や3に戻してください」って思うじゃないですか？　でも、もう戻らないんですよ。なんでかっていうと1の遺伝子とか3の遺伝子が全部抜けちゃったんです。切り取られちゃうんですよ、細胞の中で。だから、4になったら4のままなんですね。

前田　土台が抜けちゃったわけか。

宮沢　だから、解毒とかそういう話じゃないんですよ。じゃあ、どうするんですか？って話なんですけど、そのうち新型コロナがドンドン変わって別のコロナになってくれたら新しく対抗できます。ですからそれまで生き延びるだけです。いまのコロナに対しては「弱くなっちゃいましたね」って話しかできません。

前田　救いがないですね。

宮沢　でも、スパイクには弱くなっちゃったけど、ほかの部分には対抗できますから。コロナウイルスって28種類のタンパク質でできてて、攻撃してくるのはスパイクだけじゃないので、ほかのところで戦えばいいんです。でも、老人は全般的に戦う能力が低くなってるから難しいねって話ですね。

前田　確かにね、60代以上の知り合いがポンポン死んでるんですよ。

宮沢　ですから、ワクチン打っちゃった人はコロナ感染に気をつけたほうがいいですね、変な話なんですが（苦笑）。

前田　それ本末転倒ですね（苦笑）。

宮沢　だから、そういうバカバカしい話になってて、ワクチン打ってない人はコロナにかかってても平気だけど、ワクチンをたくさん打っちゃった人はコロナにかかりやすくなって防御能力もないので死にやすくもなっているという。だから、解毒よりも状況は深刻ですね。解毒って言っちゃうとなんかサプリでも飲めばいいんですかって思っちゃいますが、そういう話じゃないんですよ。

前田　イベルメクチンはどうですか？

宮沢　わからない。あれは試験管内ではよく効いてるから一つの候補にはなるけど。

前田　自分が飲んだときはよく効きましたね。

宮沢　う〜ん、僕はわからないですね。臨床をやってるわけじゃないので。統計的には効いてるんだか、効いてないんだかよくわからないですね。

前田　インドやアフリカはイベルメクチンをコロナの特効薬として承認してだいぶ効果を上げているという。

宮沢　まあ、正直に言いますと、僕が「イベルメクチンはいいかも」って言うとメチャクチャ叩かれるんですよ。別にイベルメクチンがコロナに効くなんてどこにも書かれてないから「研究者がそんなことは言ってはいけません」っていう話なんです。ただ、イベルメクチンを飲んでも普通はそんなにひどい目に遭わないんですよ。新型コロナ薬のレムデシビルは副作用がひどい人がいるんですけど、イベルメクチンは何億人も使って副作用なんてだいたいわかっているから、まあ、飲んでもいいんじゃないですか、とは言ってます。だけど、それを「効きますよ」と言ってしまったら薬機法（旧薬事法）違反だと叩かれる。イベルメクチンではないのですが、僕は「葛根湯がいいんじゃない？」と言ったことがありますね。

前田　葛根湯がいいっていうのも聞いたことありますよ。

宮沢　それでも僕、メチャクチャ叩かれましたから。薬剤師の人に「葛根湯を飲んでも副作用がある人はいるんだよ」って。それはいるでしょう。葛根湯が苦手っていう人、うちの母もそうでしたよ（笑）。そういう人は飲まなきゃいいじゃんと思うんですけど。でも、葛根湯は結局良かったんですよ。富山医科大学が葛根湯は新型コロナに効果があるというデータを出しましたから、いいんじゃないかと思います。あと、これも言ったらまた叩かれるかもしれないけど、意外と腸内環境って重要で乳酸菌と酪酸はいいって聞きましたね。

前田　乳酸菌は自分もいろいろ研究してて、自分の身体に合ったものを選ぶのが大事で、いろんなメーカーから出てる乳酸菌をいろいろ試して身体の調子が良くなるのを選んでますね。

宮沢　たぶん、そういうのが一番いいんじゃないですかね。いま、前田さんが言ったように乳酸菌にもいろんな種類があって、その中でＢ２４０という乳酸菌はインフルエンザにはいいようです。インフルエンザをやっつける抗体が粘膜でバッとできるんですよ。これはしっかりとしたデータが出てます。これはある製薬会社から飲料と錠剤が出てますから、気になる人は調べてみてください。たぶん、これ以上言うとまた叩かれるんで（苦笑）。

前田　自分が乳酸菌に興味をもったのは知り合いがアトピーで悩んでて、いろいろ調べてみると乳酸菌がいいってわかったからなんですよ。ただ、人によって合う乳酸菌が違うのでちゃんと身体に合う乳酸菌を探さないとダメですね。

宮沢　僕も「なんで？　コロナとかインフルに乳酸菌が効くの？」って調べたら乳酸菌って腸管のM細胞から入るんですよ。そしてその下にいるデンドリティック細胞（樹状細胞）というのがパクって食うんですね。そいつが今度肺のほうまできて働いてくれるそうです。だから、腸内環境が結構呼吸器感染症にも関与していると いうのはまあ間違いないでしょうね。あとね、口腔内細菌が関与してるっていうのもあるんですよ、重症化防止に。

前田　口腔内細菌が良くないと重症化するんですか？

宮沢　そう。僕もそんなことないでしょ？　関係ないでしょ？と思ったんだけど、データを見て、「あ、そうなんだ」って思って。口の中はキレイにしていたほうがいいですね。歳取ってる人は肺炎予防に、もちろん誤嚥（ごえん）するからっていうのもあるんだけど、お腹の細菌叢や口の中の細菌叢がウイルスに対抗してますね。

前田　内部免疫以外に外部免疫があるってことですね。

宮沢　免疫と言えるのかはわかりませんが……まあ、僕たちの身体っていろんなものが入ってまして、それがみんな免疫的な刺激を送っているから。いわゆる善玉菌が腸内で悪玉菌を抑えるだけじゃなくて、ウイルスも抑えるっていうのがだんだんわかってきたんですね。だから、「コロナに対してどうやれば強くなりますか？」って聞かれたら「納豆を食って」とかそんなことを言ってますけど（笑）。凄い高いサプリなんかを飲むんだったら酪酸とかビタミンDとか、亜鉛ですかねえ。

――要は納豆食べて漬物食べて、味噌汁飲んでってことですよね。

宮沢　そうそうそう。そうだと思う。だから、普通に和食がいいんじゃないかなぁ。あと僕がオススメしてるのがジンギスカンですね。

前田　あ、羊がいいんですか⁉

宮沢　いや、これもあまり言うとあれなんですけど（苦笑）。鼻が利かなくなったとか、味がわからなくなったって人にはジンギスカンがいいらしいよって勧めたことはありました。亜鉛が多く含まれているそうなので。

前田　隠れコロナにしても、そうやって自己防衛するしかないんかな。

宮沢　そうそうそう。かかるときにはかかるので、普段から腸内環境を整えることで対応するしかないんじゃないですか。あとはストレス抱えないことですかね。笑っていればいいんじゃないんですか、良い水を飲んで、笑っていたらいいんじゃないですか。水とか言うとまた叩かれますが（笑）。

前田　何を言っても叩かれますね（笑）。

◎レプリコンは安全なのか？

前田　気になるのは定期接種が始まったレプリコンワクチンです。あれは自己増殖型で怖いなって思ってるんですよね。

宮沢　僕も嫌ですね、レプリコンは。でも今までのｍＲＮＡワクチンのほうも気持ち悪い感じがします。レプリコンってウイルスの簡略版なんですね。一応、細胞の中でしか増えなくて外には出ても感染性はないってことになってます。

前田　その細胞の中で増殖するっていうのが得体の知れない怖さがあるんですよ。ウイルスがそういうＲＮＡ、ＤＮＡを身体の中で勝手に増やしていくと、人間の身体が少しずつ改変されてしまうんじゃないかって。だから、今回のレプリコンワクチンを日本人だけに打つってことになると、その影響によって何世代かあとの日本人の身体が変なことになったりしないんですかね？

宮沢　まあ、ならないでしょう。ウイルスによって人間が変わるというか、哺乳類がウイルスによって進化してきたっていうのは事実です。主にレトロウイルスというもので、それはＲＮＡからＤＮＡに変わり、それが細胞の染色体に組み込まれるという特殊なウイルスですが、今回のＲＮＡワクチンとはまったくの別モノです。コロナやワクチン由来のＲＮＡがＤＮＡになることは事実ですが、物凄く低い確率ですし、しかもそれは普通の細胞である体細胞というやつです。もしも人間が変わるとしたら、生殖細胞に入らないといけないんですよ。生殖細胞に入るか、入らないかというデータはないですね。

前田　データがないってことは変わるとも変わらないとも言えないってことですか？

宮沢　まあ、絶対にないとは言えませんが。そこで入ったとして組み込まれる率が物凄く低くて、さらにそれが子供として生まれる率も物凄く低いんだけど、例えば、僕の感覚だったらｍＲＮＡワクチンを１０００年打ち続けたらそういう人が一人ぐらい現れるかもしれないねという感覚です。

前田　そこは心配がないか。じゃあ、もう一つの心配として、今のｍＲＮＡワクチンを打つとスパイクタンパクというのがどうも卵巣とかに集まりやすい、と。不妊につながるんじゃないかっていうのがあるんですが。

宮沢　そうなんですよ。その可能性はあります。だから、「卵巣に影響が出るんじゃないですか？」って僕はずっと言ってきました。だけど、それを言うと「そんな事実はない」と言われるんです。それはそうで、そんな事実はありません。ちゃんと調べていないだけです。事実はないですが、「論理的に考えるとそうなるんじゃないんですか？」っていう話ですよね。これって調べようがないんですけど、卵巣にｍＲＮＡワクチンが多く取り込まれるのは事実です。

前田　それは怖いですよ。

宮沢　卵巣にもいろんな細胞がありますから卵子になる細胞に取り込まれたとしたらって話ですね。細胞の中に入ったら、ごく一部はＤＮＡになり、さらにそのごく一部は染色体に組み込まれるでしょう。だけど、もしも変なところに入って不都合があったらそれは子供として生まれない。生まれたとしたらなんともなく生まれるか、あるいは何か生存上有利になって生まれるか。まあ、いろいろですね。でも、僕らが生きている間は考えなくてもいいんじゃないの？って話ですね、と僕は思ってます。

――じゃあ、何が悪いんですか、レプリコンは？

宮沢　これは今までのｍＲＮＡワクチンと同じだと思います。レプリコンワクチンの欠点があるとしたら「増殖するから量のコントロールができないですね」というところと、どこまで持続してスパイクタンパクをつくり続けるのかということです。

前田　シェディング（伝播＝ワクチン接種者の呼気や汗腺からなんらかの「毒素＝スパイクタンパクや揮発性物質など」が放出され、それを吸った非接種者にも影響が及ぶのではないかとされる）の問題はありますか？

宮沢　シェディングの話は僕はどっちかというと否定的です。これまでのｍＲＮＡワクチンでシェディングがもしもあったとしたら揮発性の物質じゃないですか？って言ってたんですよ。もちろん、ワクチンを打った人からわずかにスパイクをもった微粒子が出てくることはありえますが、もしその影響を考えるんだったら、コロナに感染している人が近くにいるだけで気分悪くなるはずですよね。揮発性物質だったら、犬を使った検査でワクチンを打った人と打ってない人の違いはわかると思う。

――犬を使えばわかるレベル。

宮沢　ワクチンを打ってるかどうかは犬で嗅ぎ分けられるくらいはあるんじゃない

かなとは思います。だから、揮発性の物質が出てて、それで気分が悪くなる人はいるかもしれないけど、凄い悪いことをするかっていうと「それはないいんじゃないの？」って僕は言ってたんだけど、でも、いろんな人が言うわけです。「気分が悪くなった」とか、「寝込んだ」とか。だから、それはちょっとわからんですね。それで今回のレプリコンだけど、確かにスパイクをもった微小粒子ができて、その中にレプリコンのＲＮＡが入る可能性はある。少しはあるだろうと思っています。ただし、それを吸い込んだところで何にも起こらないと思いますね。だから、ドンドン人に広がるっていうのは考えなくてもいいんじゃないのって僕は言っています。

前田　じゃあ、レプリコンワクチンの怖さというのは今までのｍＲＮＡワクチンと一緒ってことですか？

宮沢　原理的には一緒で、うまくするとレプリコンワクチンは、従来のｍＲＮＡワクチンによる被害よりも少ないかもしれない。レプリコンワクチンが感染によって広がるというのはないと思います。レプリコンワクチンが広がるというような話をすると一番喜ぶのはファイザーとかモデルナですね（苦笑）。

——そうなんですか？

宮沢　だって、敵がなくなるから。レプリコンはいま明治製薬がつくっていますから。アメリカのベンチャーが明治に入って明治にやらせています。レプリコンワクチンは、ベトナムとかアメリカとかインドとかで治験をやって、それなりにいい結果も出ています。いい結果というのはコロナに対してですけど。日本だけでまず先行してやることになったので、これの結果を世界中の製薬会社が固唾《かたず》をのんで見守っています。うまくいくのか、いかないのかというのを見ています。

前田　だから、ファイザーとモデルナというのは今までどんな企業も成しえなかったような資本主義上の収益を上げたんだよね。1個のケースとしてこんなおいしいことはないよ。

宮沢　だから、僕は新型コロナ自体がそれを目的にしてつくられたんじゃないのって疑ってます。mRNAワクチンって遺伝子治療と同じで本当にハードルが高いんですよ。審査に物凄い時間がかかるし、分厚いプロトコルを出さないといけなくて。だから、最初からウイルスとワクチンはセットだったんじゃないかって。本来ならこんな簡単に認可って下りないんですよ。

前田　だから、金儲けだと思います。

宮沢　僕も単に金儲けだと思います。ｍＲＮＡの技術を使ってがんを治療したり、生活習慣病、例えば糖尿病とか肥満を治療しようという動きがあって、それでｍＲＮＡ製剤が有望視されていたんです。ところがあまりにも先進的で、安全性がわからないからなかなか許可が下りない。そんなところに新型コロナが出てきた。まあ、出てきたのか、つくったのかは知りませんが、とにかく突然出てきた。それで人々を凄い怖がらせたんですね。本当はそんなに怖がる必要なんてなかったんですけど、怖がらせるように仕向けたんですよ。それでワクチン待望論が出てきて、急遽《きゅうきょ》ｍＲＮＡワクチンが受け入れられちゃったんですよ。僕はそれはもしかしたら策略なのかもしれないと。

前田　だから、セットだと。

宮沢　ウイルスとワクチンのセットです。それでｍＲＮＡワクチンを打ったんですよ、みんな。これが僕は大失敗だと思ってるんだけど、学術界においてはこれは大成功ということになってるんです。もう凄く人を救ったよね、何千万人も救って大大成功だよね、ってことになってるんですよ。

前田　いや、違うでしょ。どれだけ人が死んでるんですか！

宮沢　普通の感覚ならそうですよね。でも、大学の中では大成功になってるんですよ。僕の感想としてはワクチンによる直接の被害も出てるし、コロナの感染拡大も防げなかったし、いま、人が死んでるでしょって言ってるんだけど、どの論文を読んでももう大絶賛です。コロナでうまくいったのだから、ｍＲＮＡワクチンをもっとほかの感染症にも広げましょうっていう動きになっています。今回はコロナワクチンなんだけど、これはあくまで入り口で、メインの目標はｍＲＮＡ技術を使った、がんとか生活習慣病の治療です。これが成功すれば莫大《ばくだい》な利益を間違いなく生むんですよ。なぜなら、ｍＲＮＡの技術は今後多様な分野の医薬に投入されますから。

前田　なんやそれ！

宮沢　だって、僕らの世界では大成功ってことになってますから。僕は異端ですからね（苦笑）。

前田　だから、金儲けのモデルケースとして、莫大な利益が出たら、政官財マスコミに金をバラ撒いて。

宮沢　そうです、そうです。残念ながら大学にはｍＲＮＡ関係の製剤には国から莫大な金がもう出てます。特に東大、京大、阪大を中心に凄いお金が流れてるんですよね。今もうバブルですよ。超絶バブルです。「それ大丈夫ですか？」って異論を挟んだら僕みたいになります（苦笑）。

前田　ひどい話ですね。

宮沢　もう日本は国を挙げてｍＲＮＡワクチン、ｍＲＮＡ製剤をどんどん進めましょうってことになってます。日本だけではないです。世界中そうですね。そこを制した者が莫大な富を得るということで世界中が動いてます。だから、これはもう止めようがないと思ってます。

というのも、モデルナがスポンサーで、２０２２年の12月に免疫学会でシンポジウムがあったのですが、彼らは問題点をよくわかっています。「だけど、それはドンドン改良していくので、携帯電話と同じです」と。「バージョンがアップしていけばより良いモノができるから温かい目で見守ってください」と言うわけです。

前田　言葉を換えれば、「それまでは死んでてください」ってことですよね、それって！

宮沢　そうです。だから、今回のｍＲＮＡワクチンは実験だったんですよ。そもそもが治験だったわけですよね。そのデータは全部、モデルナとかファイザーに行ってます。ちょっとずついろいろ成分や製法を変えて試している可能性もあるのではないでしょうか。実際にロットごとに被害が違う。そして、そのフィードバックも受けています。こうするとこうなる、こうするとこうなるというのを。

前田　ロットごとに恣意的にやってたってことですか？

宮沢　断定はできませんが、ロット差があるのでやっていた可能性はあります。これをこう変えるとこんなに副反応が出るんだって。

前田　クソ！　人をなんだと思っているんだろう。完全に人体実験ですよ。

宮沢　いずれにせよ、ファイザーやモデルナは細かなノウハウを大量に蓄積しました。それでレプリコンに関しては日本で実験しましょうねっていう話なんです。昔通だったら怒るはずなんですよ、日本人は。ところが、与党を中心として日本を治験国家にするって言ってるんです。

前田　厚労省なんて「日本を魅力ある治験国家にする」って言ってますよ。「魅力ある」ってどういう意味だよ！って。

宮沢　日本を実験場にするって話ですよ。それでいろいろとデータを得るんでしょう。で、こうするといい、こうするとダメって感じで。そのデータをもとに世界をリードできると。

前田　だから、1個のことがわかるために日本人が何百人、何千人死んだってどうでもいいじゃないかって話だね。

宮沢　私はそういうことはたとえ莫大なお金がかかっても、直接、人ではなくて、まずは動物でやってくれないかなと思うんですね。だけど、動物実験ってメチャクチャ金がかかるから。さらに、動物実験は倫理的に問題だと。猿1匹500万円とか1000万円するから100匹使ったら5億、10億かかるわけですよ。でも、人を使うと逆にお金が貰えますから。

前田　人間は金払って薬を買うからね。

宮沢　最初、イスラエルが実験場だったのがそのあと世界中が実験場になって、いまはみんなやめました。日本だけが打ち続けてて7回、8回打ったらどうなるの?っていうのを実験してます。そしてレプリコンで新しい実験を始めるということです。

前田　こういうのを聞くと政治家は全員、天誅《てんちゅう》だよ。最悪だよ、あいつら。

宮沢　政治家にお金が流れてるんじゃないですかねえ。与党のみならず野党にもお金が流れているという話は人伝《ひとづて》で私は聞きました。本当かどうかは確認とれませんが。

前田　だから、金儲けですよ。

宮沢　僕も単に金儲けだと思います。この前、南相馬市にアメリカの企業がワクチン工場をつくったけど、何千億円ってお金を渡してるし、10年間で赤字が出たら国が補填するっていう契約ですよ。どういうこと?って。

前田　こうなってくるともう個人個人の自衛しかないよ。

宮沢　そうですね。みんなが打たないことですけど、でも新しいものが好きな人は打つんでしょうね。

◎ノーと言い続けるために

――最後に聞きたいんですけど、研究者仲間や医学界がワクチンは大成功と言ってる中で、宮沢先生はノーと言い続けましたよね。リスクがあるのに、一人で頑張ったわけじゃないですか。

宮沢　頑張ったっていうか、僕はただ正直に言ってるだけですね。同僚からも「宮沢さんって当たり前のことしか言ってないよね」って言われるぐらいですから。「なのに、なんで叩かれるんですかね？」って同僚が言うから「お前らが立ち上がらないからだよ」って僕は言ってますけど（笑）。

前田　一人だけ矢面に立ってますよ。

宮沢　そんな気はないんですけど（苦笑）。でも、「ワクチンのロットごとのデータを出してください」って言っても全部真っ黒塗りで「ロット差があるでしょ？」って言うと「あるよ」って言うんですよ。「じゃあ、データを見せてください」って言うと「秘密契約だからダメだよ」って。それで僕は怒ったんですよ。「どういうことですか！」って。そしたらキチガイ扱いされちゃったんです。

前田　政治家もなんもグルになってるからね。

宮沢　本来、これに声を上げないといけないのは大学なんだけど、大学も凄く貧乏になっちゃって国からの金がないと生きていけない状況なので国に逆らうことはできないんですね。だから、僕が声を上げたんです。僕はお金とかにそんなに興味ないし、出世にも興味ないし、研究ができればいいやと思ってただけですから。

前田　大学をクビになるなんて思ってなかったんですか？

宮沢　思ってなかったですよ（苦笑）。総長（学長）が僕をクビにしたがっているという話は2、3年前から聞いてましたよ。だけど、本当にクビになるなんて思ってなかったし、クビにしろって言われても無理でしょ？と思ってたんです。僕は実績出してるし、まさかと思っていたんだけど、任期切れであっさりクビにされてしまいました。

前田　宮沢先生が京都大学を無理矢理退職させられた頃、同じ京大教授の藤井聡先生と対談してて、藤井先生も怒ってましたね。「京大ともあろうものが！」って。で、「藤井さんは大丈夫ですか？」って聞いたら、「自分だってわからないよ」って言ってましたね。

宮沢　だから「宮沢がいたら京都大学に金が流れない」ってことなんですよ。

前田　こういう人が大学にいなきゃいけないのに、もったいないな。

宮沢　研究にお金が必要なのはわかりますが、今の話はちょっと違うじゃないですか。「国からお金を貰うにはこういう研究をしなきゃいけないから、その研究をする」っていうのは話が逆でしょ。僕はそれがわからないんです。

前田　研究が金のためになってるよね。研究機関として終わってるし、教育機関としても終わってるよ。

宮沢　そう、そうなんですよ！　彼らはいまの日本がヤバいってわかってないんですよ。例えば、「日本の現状はこうなっててメチャクチャヤバいってことを京大の学生にも教えないといけないんじゃないんですか?」ってことを教授たちのいるところで言ったらポカ〜ンとされてしまいました。

前田 まあ、そうなるだろうね(苦笑)。

宮沢 日本は落ち目だと言ってるけど、たいていの人はそこそこ幸せに生きてて不安があまりないんですね。いまが幸せならいいんです。いまが幸せで、たぶん逃げ切れると思ってるんです。東大生もどうやったら逃げ切れるかってことしか考えてない。僕は京大生にも東大生にも言ったんだけど、「頭の良い奴は幸せを求めちゃダメですよ」と。「頭が良い奴は不幸にならなきゃダメだ」って。そしたらみんな「え?」って言うわけ。

前田 いや、それは「えっ?」ってなりますよ(苦笑)。

宮沢 いや、ここで「えっ?」ってなっちゃダメなんです。なぜなら、頭が良い人っていうのは自分で頭が良くなったわけじゃないもん。「親が良くて凄い教育してくれたから良くなってるだけで、別にお前の力でなったわけじゃないからな」って僕は言いました。「自分の力で勉強した」とか言うけど、違う、違う。それは環境でしょ、そういう人たちは生まれながらに選ばれているんだから国に尽くさないとダメです。それを自分だけ逃げ切ろうとしたらダメだよって。だってそうでしょ？　前田さんみたいに強い人だったら強いからってなんでもやっていいってことじゃないでしょ？

前田　そうですね。

宮沢　強いからこそ弱い者を助けるわけじゃないですか？　そうじゃないといけないと思うんですよ。頭が良い奴もそうだと思うんだよ。頭が良いっていう才能を貰ったわけだから、それはみんなのために活かさないといけないんじゃないんですかって言ってるんだけど。

前田　国のために自分の力を活かしてほしいというのはあるよね。

宮沢　余裕のある人はそうやらないといけません。もともと僕がなぜこういう発信を始めたのかっていうと、僕は２０１０年に一度国と戦って負けて、罰金と研究費の停止処分を受けたんです。国と戦ったことと処分は関係ないということですが、本当にそうなのかはわかりません。そのときはメンタルをメチャクチャやられました。だって、年間1億円近く取ってましたから研究費。それで人を雇っていたんだけど、全員クビにしなきゃいけなくなって申し訳ない思いで、仕事も辞めようかと思ったときもありました。でも、そこで助けてくれた人って誰かというと同僚じゃなかったです。同僚は一人ライバルが減ったなシメシメで冷たいですよ、この世界は。助けてくれたのは普通の人だったんですよ。弁当屋さんのお姉さんとか、ヨガの先生とか、音楽やってる人とか、僧侶とか。彼らがみんな「いや、宮沢さん、大変なことになったけど、まあ、人生楽しみましょうよ」と言ってくれたんです。それで僕は助かったんですね。

しかも僕は凄くたくさん友達できたんですよ。前までは研究者の友達しかいなかったんですけど、普通の人の友達がメッチャできて、その人たちがみんな優しかった。で、新型コロナが出てきた。緊急事態宣言が出たらみんな僕に泣きついてきたんです、「助けてください」って。マッサージの人は仕事がなくなりました。施設にもいけなくなりました。音楽家の人は音楽する機会がなくなっちゃって諦めなければいけないって。で、「宮沢さん、なんとかしてくれ。このままだったら潰れてしまう」っていろんな友達から言われるわけです。それで僕は立ち上がったんですよ。

ところが、そのときに「潰れるのはしょうがないだろう。旅行会社なんて潰れたっていいだろう」と言った人間がいたんですよ。「生きていくだけならレジ打ちだってできるだろう」ってその人は言ったんですよ。そのときに僕は凄くカチンときて口論になったんだけど、ボコボコにやられちゃいました。

――ひろゆきさんとの口論ですね。

前田　あいつか。あれは詭弁を弄するからね。

宮沢　僕は、「人はね、お金のために生きてるわけじゃない」と言ったんですよ。例えば、お金を稼げるから偉い奴ってわけじゃないですよ。小学生のときに「夢は？」って聞かれたら「私はケーキ屋になります」とかいろいろ言っていたじゃないですか。そうやって僕たちは生きてきたわけですよね。例えば、スチュワーデスになりたいとか、消防士になりたいとかの夢があるわけ。で、「コロナでそれがなくなったら、ほかで働けばいいじゃん」って。そういう問題じゃないだろって。お金さえ稼げればいいって問題じゃないんですよ。だけど、ひろゆきは別の稼ぎ方があるからいいじゃんって。

前田　そういう話じゃないよな。

宮沢　なくなったら別の仕事にいけばいいって問題じゃないですよ。人って小さい頃からの憧れというのがあってそれを目標にしてきたわけでしょ。それを叶えた人から奪っちゃダメですよ、コロナごときで。前田さんだってプロレス、格闘技がウイルスでなくなったら嫌でしょ？

前田　だから、いまは半分ぐらい日本じゃなくなってますね。住んでる人も考え方も成り立ちも。なんでも合理的にって、人の気持ちも考えずに割り切ることが偉い、それが当然、文句言うなよ、我慢してやれよと。

宮沢　我慢しろって言っても、高校球児に甲子園を2回もなくすってどういうこと。甲子園なんてあんな広い場所でどうやって感染するんですか？　そしたら、「ほかの部活も中止になっていたから当然だろ」って言うわけ。いや、ほかの部活も中止になってるのがおかしいんですよ。当然だろっていう意識なんですよ。だけど、高校球児にとって甲子園ってほとんど命みたいなもんじゃないですか。甲子園を目標にして、たぶん5歳ぐらいから死ぬ気で練習してる子っていますよ。そこで活躍したらプロ野球にいけるかもしれないわけですよ。そのチャンスを奪われたんですよ。それがわからないんですか！　それに心がいかないんですか！　それを奪っていいわけないじゃないですか！　それをしょうがないって。そんなの……しょうがなくないよ！　本当に！　中小企業だって潰れる必要なんてなかったですよ！

前田　そうだね。だから、今は人間不在なんだよね。日本文化って飛鳥奈良時代の昔から、万葉集にしても人の心を推し量って、それをみんなで鑑賞するっていう文化じゃないですか。それがもう絶えて久しいでしょ。どんどん日本が日本でなくなってきてるし、日本人が日本人でなくなってきてるね。

宮沢　僕は今回のことに凄い怒ってるし、凄い失敗だったと思ってます。もう二度とこんな理不尽に人を不幸にすることはやってほしくない。善良な人たちを泣かせることはいけないと思います。強い人間はそれと戦わなければいけません。じゃあ、そこまで強くない人間はどうやったらいいかというと、自分のやりたいことをしっかりやってください。それが戦うことになります。例えば、音楽をやりたいんだったら音楽をしっかりとやってください。ちゃんとコンサートやライブをやって、自分を貫いてください。それをやって、あとは戦っている人に「頑張ってくださ い」って一言でも言ってくれると、僕たち頑張りますから。

前田　そのとおりですね。でも、先生は思っていた以上に熱いですね。

宮沢　僕からするとなんでみんな従っちゃうのか、諦めちゃうのかわからないんですよね。別に戦わなくてもいいと思うんですよ、ただ諦めないでほしいんです。

　これははっきり言って外国から攻められているのと同じですからね。外国の奴らがやったことですから。それで日本がここまで痛めつけられたんですけど、昔の戦争と違って鉄砲持ったり、槍を持ったりする必要はないんです。ただ、毅然と「自分は違うと思う。自分はちゃんとやりたいことをやるんだ」って、やりたいことを貫いているだけで、戦ってることになりますから。自分を貫いてほしいと思ってます。自分の持ち場でしっかりやってください、それが戦うことになります。

前田　そうですね。戦っていきましょう。

第4ラウンド

日本の食品はどうなっているのか？

鈴木宣弘（すずき・のぶひろ）
1958年三重県生まれ。82年東京大学農学部卒業。東京大学大学院農学生命科学研究科特任教授。農林水産省、九州大学大学院教授を経て2006年より現職。FTA 産官学共同研究会委員、食料・農業・農村政策審議会委員、財務省関税・外国為替等審議会委員、経済産業省産業構造審議会委員、コーネル大学客員教授などを歴任。おもな著書に『農業消滅』（平凡社新書）、『食の戦争』（文春新書）、『悪夢の食卓』（KADOKAWA）、『国民は知らない「食料危機」と「財務省」の不適切な関係 』森永卓郎氏との共著、講談社）

◎世界で一番毒を食べている日本人

――まずはお米の話からです。去年（2024年）の9月ぐらいに、南海トラフがすぐにやってくるという話になって、一時、お米が小売店からなくなった出来事があったじゃないですか。

前田　あったね。自分はその前からずっと国内で4つの農家しか栽培してない特殊な玄米を食べてたからね、困らなかったっていえば、困らなかったんだけど。

――僕らは普通にスーパーで買ってたんで1ヶ月ぐらい米が買えなくて、その後買えるようになっても5キロ3000円台とか、1000円以上値段が上がったままです。結局、あれって完全に農政の失敗ですよね。

鈴木　そうです。あんなに米不足になるということは、そもそもの農業政策が日本の米生産を減らす方向にずっと動いてきたというのが原因なんですよ。減反、減反で米農家には「つくるな」と言い続けて、最近なんか「田んぼはもういらないんだ」と「米はもう余っているんだから潰して畑にするなりしたら一時金だけ出してやる」というね、そういう政策までやってるんですよ。

前田　何を考えているんだか！　まあ、わかりますけどね、彼らの考えていることは。

鈴木　「余ってる、余ってる」といわれて価格が安いままにされて、米農家は赤字でドンドン潰れているわけです。そういう状況で供給が減り過ぎているからちょっとしたきっかけで、あんなふうに大騒ぎになるわけですよ。ですから、あのときの地震情報とかはそのきっかけをつくっただけであって、背後にあるのは日本の農業政策の失敗だということですよね。

前田　でも、先生、この農業政策ってアメリカの要求ですよね。

鈴木　そうです。アメリカの要請に応えていくというのが日本外交の基本になっているじゃないですか。米の消費が減ってきた背景もまさにアメリカの戦後の占領政策ですから。

前田　米をいっぱい食うとバカになるとか、昔やってましたよね。

鈴木　日本の学者の中にアメリカの回し者まで送り込んで徹底的に宣伝したわけで

すよ。「日本人の食生活を改善してあげる」という名目で、アメリカの余ってる小麦をドンドン日本人に食わせてアメリカに都合のいいように日本人の食生活を改変してきたんです。そしてアメリカの農産物を受け入れさせて量的に依存度が高まると、今度は質を下げたんです。例えば、アメリカのレモンやオレンジには日本では禁止の〝収穫後の防カビ剤散布〟を行っていたんです。ですから、日本はそれらを海に捨てた。そしたら、アメリカは「自動車の輸入を止めるぞ」と脅してきて、日本政府は「わかりました」と「これは禁止農薬だけど、運んでくるときにかけるので食品添加物ということにしておきます」という形で認めてきたんですね。

前田　えっ⁉　どういうことですか⁉　農薬を食品添加物に？

鈴木　日本政府は〝ウルトラC〟で分類変更して、日本では禁止の収穫後の防カビ剤を食品添加物というカテゴリーにして認めたんです。

前田　えーっ、農薬ですよ。いわば毒薬じゃないですか！　それを食品添加物って‼

鈴木　しかも、それはレモンとかオレンジだけじゃないです。小麦とかの穀物もです。船で運んでくる食料品にはすべて防カビ剤をかけてくるんです、アメリカは。それに関してはこんな話まであります。日本の農家がアメリカに研修にいって、収穫した小麦に防カビ剤をかけてるのを見て、「こんなことをしていいんですか」と聞いたら「いいんだよ。これは君たちが食べるんだから」と言われたというんです。こうやって、発がん性があるといわれている防カビ剤を日本人は食べ続けているわけです。

前田　それはいつぐらいからですか?

鈴木　だいぶ前からですよ。70年代ぐらいからずっとそうです。

前田　60年近くも。例えば、自分が覚えているのは牛肉の話で、中学3年生ぐらいのときに牛肉が自由化されたんですね。それから日本人の体型が変わってきたんです。女性ホルモンがアメリカ産牛肉にいっぱい入ってるから女性はおっぱいが大きくなって、一方、男性は引きこもりだとか、オタクだとか、男の子らしい子がドンドン減ってきたんですよ。

鈴木　実はつい最近、日米貿易協定で牛肉の関税をさらに半分ぐらい下げたんです。

そしたら、協定が発効した最初の1ヶ月だけでアメリカの肉が1・5倍の消費量に跳ね上がりました。日本の消費者は飛びついたんですよ。で、産婦人科の業界紙にも出てるんですけど、アメリカの肉からは基準値の600倍の女性ホルモンが出てきたと。日本におけるホルモン系のがんに関係あるとお医者さんも言っているんですよ。「うちにくる患者さんでがんの方が増えている」と。

前田　乳がん、卵巣がんとかですよね。

鈴木　それで、がん患者が「輸入牛肉を食べすぎた」と言うわけですよ。わかっているんだったら食べるのをやめればいいのに、それはしないんですよ。そういうことがあって、女性のがんが増えてきたり、変に成長したり、男が男でなくなってきたりしてるんですよ。それからアレルギーとかアトピーも増えてますね。あとは発達障害的なお子さんが多いというのに関連するのはさっきの防カビ剤です。さらにいま問題になってるのは小麦を収穫する前にですね、ラウンドアップという除草剤をかけます。

前田　モンサントの問題の除草剤ですね。あれは世界的に問題になってるはずですよね。

鈴木　日本だって問題になっていますし、そもそもあれは除草剤です。ところが、アメリカはラウンドアップを大豆、トウモロコシ、小麦に直接かけてるわけです。それを日本が世界で一番輸入して食べてるわけだから、いま発がん性だけじゃない問題が出てきています。ネズミの実験で最近わかってきたのが、ラウンドアップを散布された穀物を食べ続けるとその代や子供の代は大丈夫ですが、孫、ひ孫の代になると走り回って止まらないなどの異常な行動を取るような個体が一気に増えたんです。

前田　いままさに問題になっている多動性、ＡＤＨＤじゃないですか！

鈴木　蓄積された毒性が何代かあとに出てくるんです。いま日本の子供たちにいろんな症状が起きているのはそれが関係している可能性があるということです。何しろ、日本人が世界で一番、ラウンドアップの有害成分であるグリホサートを食べているわけですから。

◎日本の食生活が汚染されている

——日本に輸入されてくる大豆、小麦がダメってことになると日本人の食生活は難しくなりませんか？　醤油《しょうゆ》や豆腐、味噌がダメってことですよね？

鈴木　国産大豆は大丈夫ですよ。だけど、普通の醤油や大豆油というのは輸入の遺伝子組換え大豆ですからダメでしょうね。日本人が可哀想なのは大豆、トウモロコシは絶対に遺伝子組換えであり、絶対にグリホサートが残っているという、二重苦の状況下にあるということです。

前田　「遺伝子組換えではない」という表記も消されたんですよね。

鈴木　一昨年からそういう表示ができなくされました。そういう表示があると遺伝子組換えが売れなくなるからなくせといわれてなくしてます。ですから、普通に売ってる醤油や小麦製品は二重苦の可能性があります。

前田　パン、パスタもですか？

鈴木　調べると9割がたグリホサートが出てきます。でも、国産小麦のパンとか有機小麦のパンとかからは出ないですから選べばいいんですよ。

前田　それで日本人が病気になれば、今度は外国製の薬を売るわけですよね。

鈴木　そうです。これはモンサントを買収したバイエルンが言ってます。「日本人が危ないものを食べて病気になるとバイエルンの薬が売れる。これが新しいビジネスモデルになる」と言っていたと、聞いたことがあります。

前田　日本の製薬会社もドンドン外資になってますね。

鈴木　彼らがやってることを見ていると、病気を増やして、人間を薬漬けにしてナンボのところがあるように感じられてなりませんね。

前田　あと問題なのは種ですよ。日本はアメリカの圧力に負けて、あきたこまちのような日本で開発した米の種をタダでよこせといわれてOKしたんですよね？

鈴木　そうですね。タダではないですけど、日本はアメリカの圧力で種子法を廃止しました。

前田　信じられないですよ！

鈴木　いまは種を制する者は世界を制すると言って、グローバル企業は世界中の種を自分のものにして、自分たちから種を買わないと生産ができない状況を世界中につくろうとしています。もちろん、世界中の農家は猛反発したんですね。そうするとなんでもいうことを聞く日本でやろうということになって、米などの種について、「まずは公共の種事業をやめてくれ」と。「国がお金を出してあきたこまちなどのいい品種をつくって、農家さんに安く供給する。こういう事業は邪魔だからやめろ」といわれて種子法を廃止させた。ところが、グローバル企業は図々しくて「やめただけじゃダメだ」というんですね。

前田　ダメってほかに何を要求したんですか？

鈴木　開発した種を企業からの要請があったら渡せというわけです。

前田　えーっ！　まさか日本政府はそれを飲んだんですか⁉

鈴木　飲みました。法律までつくって。それが農業競争力強化支援法8条4項です。さらに企業から自家採種、農家が自分で種を取って植えるのをやめさせろといわれて種苗法というのも改正して制限を加えたんです。大事な種がグローバル企業に渡ってしまって日本の農家はそれを買わないといけないような仕組みをわざわざ日本政府がつくってあげたのです。

前田　日本の政治家は一体何を考えているのか！

◎同じ敗戦国のドイツはどうやったのか？

前田　ドイツも敗戦国ですけど、ドイツも日本と同じように農産物の輸入とか、種の話なんかが出ているんですか？

鈴木　ドイツは全部つっぱねました。同じ敗戦国だけど、ドイツはやっぱり考えたんですよ、アメリカに支配されてはいけないと。それでどうしたかというとＥＵです。ヨーロッパに共同体をつくってそれで対抗すればアメリカと対等に交渉できると。それでドイツは物凄い財政負担をしてヨーロッパの共同体をつくることに貢献したんです。

前田　確かにＥＵは基準が全然違いますね。

鈴木　日本よりも厳しくしてアメリカの農薬がかかったものとか、添加物の入った牛肉なんかは全部禁止ですからね。日本は全部OKですから、ヨーロッパで売れない分が全部日本にきてるわけです。本来、成長ホルモンであるエストロゲンは日本でも禁止なんです。ところが、アメリカが使ってくると日本はアメリカが怖いから文句を言えない。アメリカの輸入肉はザルにしているわけです、検査を。そうするとオーストラリアなんかもエストロゲン入りの牛肉を輸出してくるわけです。彼らがズルいのはエストロゲンが禁止のEUには使わないんですよ。日本向けにだけ使ってくるんですよ。

前田　日本向けの肉にも入れるなって交渉できないんですか？

鈴木　だって、アメリカはOKですから。アメリカをOKにするには全体をゆるめることになるので、オーストラリアだけダメとはいえないです。なのでいまや世界の合言葉は「危ないものは日本へ」と。

前田　結局また治験国家ですよ！

鈴木　ですから、情報をきちんと共有してもらいたいんですね。こういう書籍でもしっかり書いてもらって、こんなものを食べることがいかに危険なのかをみんなに知ってもらいたいです。
日本の消費者が安い安いといってリスクがあるのに飛びついてしまった。しかし、そのことで病気も増えてしまって本当は安くなかったと。結局、こんなに高いものはないんだと。実際、海外なんて、同じような食品を並べてこっちは安いですが、こういうものが入っています、リスクがありますという情報を書いて出しているんですよ、小売店で。

前田　アメリカのスーパーマーケットなんか逆に、日本のポテトチップスにはこういうものが入っているので発がん性がありますって棚に書いてありますね。

鈴木　そうでしょ。そういうことをちゃんと見せて、その上で消費者に選択させるということを普通にやってるんですね。ところが日本はやらずに安さだけで買ってしまう方向に進めています。

前田　そもそも日本はなんでこんなに食品添加物の数が多いんですか？　自分は前から、許可されてる食品添加物の品目が日本では多いというのが疑問で、これもアメリカとの関係ですか？

鈴木　そうなりますね。というのも、アメリカから輸入されるものだけではなくてアメリカで認めている食品添加物で日本が認めていないものがあるならそれも全部認めろという話になっているので。日本がもともと認めていた数にアメリカの分をドンドン上乗せされていくから増えていくんです。

前田　いま、日本は1500種類あるとかいわれて、イギリスでは400～500種類。アメリカは多いといっても800種類ぐらい。

鈴木　日本がもともと500ぐらいであれば、アメリカの分を受け入れると1300になるわけですよ。で、こういう状況になってしまったのは、日本に対するアメリカからの要望事項を全部リストアップした要望書というのが毎年更新されて日本に突きつけられているためです。

前田　昔だったら日米年次改革要望書ですね。

鈴木　いまも同じようなものがありますね。

前田　これにノーといったらどうなるんですか？

鈴木　その政治家が消されたりする可能性はありますね。みんなアメリカに逆らうことを怖がっているから。政治家がそうだと官僚にもそういうことをやらせないですね。日本の外交というのはアメリカの要求にノーという選択肢はないと。

前田　なんか、対抗策はないんですか？

鈴木　最終的に拒否はできないんだけど、なんとか時期を遅らせるとか、抵抗は徹底的にやると。それは我々の時代がそうだったですよ。だから、官邸でも当時は大蔵省と通産省、農水省とかなり張り合ってたんですよ。農業を守るんだ、許さんっていって。だから、牛肉、オレンジの自由化だって簡単には許さんということで何回かに分けて少しずつやらされたけども、抵抗し続けたんですよ。それがいまやまったくダメ。とにかく金を持ってる財務省が「アメリカのいうとおりに農業予算を切れ」と。経産省は「グローバル企業だけが儲かればいいんだ」っていうね、農業・農産潰しですよ。

前田　対抗できる政治家っているんですか？

鈴木　対抗するとやられますね。中川昭一さんがそうですね。農水大臣のときには脱脂粉乳の在庫が日本で余ってるから周囲の反対を押し切って海外援助に使ったんですよ。それがアメリカの逆鱗《げきりん》に触れた。アメリカの市場を奪うということです。それだけじゃないですよ。彼は「日本はアメリカのATMじゃない」といったりしてますから。一人で戦うと消されますからなかなか怖くて戦えないでしょうね。

前田　逆に従えば金は貰えるし、政権は維持できるし。

鈴木　そうです。だいたいはお金で懐柔していくんですけどアメとムチです。これは政治家だけじゃなくて、学者もそうで、金が出る研究は遺伝子組換えとかですから。通常の自然を活用した研究には国は金を出しません。そうすると大学の人たちは自分で金を取ってこなくてはいけなくなるじゃないですか。そこで企業に金をチラつかされると全部そっちの研究にいくんですよ。でも、その研究は全部自然ではないもので、コオロギ食べるとかね。そういう話からは金が出るからみんなそれに飛びつくわけです。そうやって研究したら、「こんなものを食べちゃダメだ」とはいえないですからね、やってる者は。

前田　官僚ももう言いなりですか?

鈴木　心ある人間はいますよ。農水省の事務次官もね、この間、ちょっといい政策をやろうとしたんですよ。そしたら、20年近く前の女性問題を突然、夜のＮＨＫニュースで流されて潰されました。食事に何回か誘ったことがセクハラだと言われたんです。

前田　なんか、二重三重四重に日本をがんじがらめにして、何もできないようにして、金を吸い上げるだけ吸い上げて。

鈴木　昔、ＴＰＰってあったじゃないですか？　あのとき、日米の二国間協定としてサイドレターというのをつくっていたんですよ。しかし、アメリカがＴＰＰから抜けたので無効になったんだろうと、ある野党の議員が当時の岸田外務大臣に尋ねたら、「日本が自主的に結んだものなので粛々と続けていく」といったんです。

前田　何を言ってるんだよ！

鈴木　日本が自主的というときにはアメリカの言いなりということです。で、その中身は、「アメリカの企業が日本にやってもらいたいことがあったら日本には規制改革推進会議というのがあって、あそこを通じてすべてやります」というものでした。だから、規制改革の中身はすべてアメリカの企業に儲けさせるようなことばっかりじゃないですか。

前田　形を変えた年次改革要望書ですね。

鈴木　日本はそんなのばかりですね。

前田　アメリカの要求でいうと日米合同委員会で全農を株式会社化しろという話もあったって本当ですか？

鈴木　本当ですね。日米合同委員会は軍事的な面だけではなくて日本の政策も全部命令してますね、実質。あそこで決められるとなかなか抵抗できないということで、アメリカの巨大穀物メジャーのカーギルが全農を買収したいと。だけど、全農は協同組合なので買収できない。だったら、買収と露骨にいわないで「全農を株式会社化しろ」という命令を出して、それで政治家のK・Sさんが動いたんですね。

実はこれ、オーストラリアでも同じ手口で協同組合をカーギルが買い取れるようにしたんですよ。オーストラリアにもAWBという協同組合的な組織があって、これを株式会社化しろと。「株式会社にしても農家株式をつくっておけば大丈夫だ」というわけです。しかし、株式会社になったら譲渡できないはずだった農家株式が譲渡可能に変えられ、という話になって買収されてしまったんですね。日本でも同じような話が出て、K・Sさんが全農攻撃を散々やって追い込もうとしたでしょ？　だけど、日本はここで結構頑張ったんですよ。まだ株式会社化してないじゃないですか。もしも協同組合がカーギルになっちゃったら日本の食品流通の元締めを握られることになりますからね。

前田　K家はね、昔から最悪ですよ。K・SのじいさんのK・Jはカーチス・ルメイというアメリカの軍人を叙勲させています。しかし、ルメイは第二次大戦中に東京空襲で38万7０００人＋原爆死者の人間を殺すように指揮した人間ですよ。それまで通常の爆弾だったのをより殺傷力のある焼夷弾に変えたのもルメイですよ。国際法違反である低空爆撃を行うようになったのもルメイの指示ですよ。そういう日本民族殲滅《せんめつ》作戦をやったような人間に勲章をあげたのがK・Sの祖父ですよ！　名目は航空自衛隊の創設に寄与したからとか言ってますけど、こんなバカなことをやったのがK・Sの祖父で、その父親のK・Jは郵政民営化で日本人の貯金をアメリカに渡しています。そしてK・Sは農協にある金を狙ったと。本当にあの一族は最悪ですね！

鈴木　K・Sさんは前から農協マネーをどうやって引っ剥《ぱ》がすかというのをやってますね。お父さんがゆうちょマネーを引っ剥がして、次に喉から手が出るほどアメリカが欲しいのはJAマネーだっていわれてますから。運用資金だけで155兆円です。

前田　本来は農業振興や発展のためのお金ですよね。

鈴木　農家から集めた金です。でも、農林中金が運用で1兆5000億円の損失をつくってしまったので農家からもう1回集めるって言ってますね。

前田　メチャクチャですね。

鈴木　いま農家は赤字で潰れそうになってて本当なら支援しなきゃいけないのに、運用の失敗でスッちゃって農家にそのスッた分を払えって話ですよ。

前田　でも、自民党にとって農協って大票田だったんじゃないですか？　農協とケンカしたら自民党の選挙施策にヒビが入って自民党が傷つくってことをわかってるんですかね。

鈴木　ですからＴＰＰのときは最初、農協も自民党に強く出て「ちゃんとやれ」って頑張ったんですよ。ところが、自民党の反撃で全中（全国農業協同組合中央会）が解体されたじゃないですか。全中はいま組織が変わっちゃったんですよ。それで農業団体は歯向かうとこっちもやられるということで、いまはもう政府のやることに反対しづらくなってます。

前田　うわぁ。

鈴木　だから、いまはもうやりたい放題ですよ。米農家の所得が年間1万円と言われるようになるまで追い込んでいるのに、まだ田んぼを畑にしろとか、散々やってみんなバタバタ倒れてます。

前田　日本の農家の平均年齢が68歳というのは本当ですか?

鈴木　いまはもう69歳になりました。

前田　69歳!　10年たったら半分ぐらい死にますよ。このままならあっという間に衰退ですよ、日本の農業は。

鈴木　次がいないですからね。いまコスト高でさらに赤字が膨らんでるんで、どこの農村に行っても「10年持ちません、５年で米をつくる人がいなくなって集落がほぼ壊滅します」と言ってます。そんな農村が全国にもうびっくりするぐらい広がってますよ。５年でもう無理。10年なんて話じゃないってところが非常に増えてます。

前田　自分、十何年前に民主党の選挙応援で北海道の女満別《めまんべつ》に行ったことがあるんですが、そこで酪農をやってる爺ちゃん、婆ちゃんたちに話を聞いたら、「身体もきついし、後継者もいないからもうやめる」と。そこがその後どうなったのかというとC国人がボンボン買ってるんですよ。これが怖いのは、いまのパレスチナ紛争もユダヤ人たちがパレスチナの土地をボンボン買い始めて、それを誰も止めなかったことからですよ。

鈴木　ウクライナもね、ユダヤ系の巨大資本が全部農地とかを買ってるようですね、いま。日本が問題なのはアメリカにガンガンやられて農地の価値がなくなって、それを買うのがC国の人で、C国の人は高い値段で買ってくれるからみんな売ってしまうんですよ。いま北海道の中で静岡県と同じぐらいの土地がC国のものになっています。

前田　C国人は土地を買うと塀で囲ってしまうから何をやってるかわからないんですよね。

鈴木　アメリカだけでなくて、C国にも植民地化されつつあるんで。山も水源地も農地もそうだし、いまは海もです。海も洋上風力発電をやりたいという、ある日本企業があって、そのためには漁業権が邪魔だと。漁家が持ってる漁業権を無理矢理タダで引っ剥がして公共目的じゃなくて企業につけかえられるようにしろといったわけですよ。それで漁業法の改定を本当にやってしまったんですね。結局、漁業権は企業のものになって売買できるようになる見込みなんです。

前田　誰が買うかわからないじゃないですか。

鈴木　C国が買いますよ。日本人の名前にはなってますけど、うしろにはC国がいます。

前田　いま宗教法人もC国人に狙われて、墓をいきなり更地にされたりとか、地方にあるちっちゃな神社を取り壊してマンションを建てたりとかやられてます。

鈴木　ですから、アメリカの言いなりになって向こうの企業が儲かることばかりやってると、最後はC国が土地や権利を買うので、いまはC国による植民地化も進んでいます。両大国から草刈り場のようにされているというのが日本の現状ですね。

◎自然農法と地域が鍵

――この状況をどうしたら改善できるんですか？　まずはジリ貧の日本の農業を復活させる方法って何かないんでしょうか？

前田　農業の方法として自分は明治以前の殖産興業の方法、農業であれば、この時期にこの種を植えて、虫がつかなくするためにはタバコの葉を水に浸してつくったニコチンを含んだ水をかけるとか、そういう昔ながらの農業の方法を書いた本があるんですね。それを読んで思ったのが国が音頭をとって、日本全国の糞尿を回収して肥料をつくったりとか、そういうことはできないんですか？

鈴木　やろうと思えばできます。日本の資源を循環させるような形で昔はやってたんです、江戸時代は。日本は鎖国をしながら日本国内の資源を循環させて、「こんなに凄い循環農業、循環経済社会をつくりあげたなんて信じられない！」というのが世界の評価だったわけですね。

前田　そうですね。日本は２５０年間も鎖国でやっていけたんですよね。

鈴木　それを食生活を洗脳されることによって輸入に依存しなければいけない状況をつくったのがアメリカの占領政策です。日本の循環経済を壊して、依存に乗っかるように洗脳してきたってことです。

前田　乗っからないようにするべきでしょうね。例えば、ＥＵはそうやったわけですよね？

鈴木　ＥＵは一つの共同体にまとまることでアメリカと対抗しました。そうすることでアメリカからの輸入も少なくすることができるわけですよ。日本は量的に依存させられたから、９割輸入に頼っているから、アメリカの小麦が危ないと思ってもそれを言えない。言ったら日本の食生活が崩壊します。量的に握られれば質的にも文句がいえないということです。やっぱり自給率を高くすることがＥＵがアメリカに対抗してやったことです。

前田　共同体ですか。日本もK国なんかと手を結べたらいいでしょうけど。

鈴木　それをできないようにするのがアメリカの占領政策でもありました。逆に日本をアジアと敵対させるように仕向けています。一方で、C国やK国に対しても日本は憎い国だと位置づけさせて、アジアの主要国が対立するようにやっています。絶対に共同体をつくらせないようにしています。

前田　そうですよね。

鈴木　しかも、日本は国としてもアメリカに対抗できないようにされているので一人ひとりが対抗するしかないですよ。だから、地域地域で「輸入ものが安いと言っている場合じゃないんだ」と。「みんないろんな病気になって一番高くつくんだ」ってことをね、情報共有して気づけば、身近なところで本物をつくっている生産者の皆さんと結びつくことが大事だとわかりますよ。

前田　虫がついてるのは嫌だとか、曲がってるのは嫌だとか。

鈴木　そういうことを言ってないでね。直売所で売ってる野菜を食べれば、少々虫がついてても曲がっててもおいしいとみんなわかるじゃないですか。だからできるだけ直接的なつながりを大事にしたネットワークを地域地域でつくって、ローカル自給圏で支え合う仕組みができればいいわけです。

前田　曲がったりしてる野菜はいま廃棄してるんですか？

鈴木　規格に合わなければ廃棄になると思います。

前田　もったいないなぁ。そういうものを循環させるようにしたらいいですね。

鈴木　そうしたら農家も助かるし、農薬も減らせるわけです。虫に食われないように、曲がらないようにするために農薬をかけるわけですから。カメムシに食われたカメムシ斑点米を避けるために劇薬のネオニコチノイドを使ってるわけですから。だけど、斑点米になっても味は変わらないし、悪影響もないんですよ。

前田　最初から必要ないんですね。

鈴木　そうなんですよ。消費者が気にしなければいいので、そういうことをみんながわかればね。だから、知識の共有なんです。それを身近なコミュニティでつながって、そこでできたものをできるだけ循環的に消費して支え合うと。特に子供たちの健康を守らなければいけないから輸入の小麦は危ないと。だったら地元の安全安心な小麦を買う。お米や野菜もそうですね。そういうものをまずは給食で、市長さん、町長さんが買い取って、子供たちにちゃんと提供できるようにするとかね。いまオーガニック給食というのが流行ってますからね。この給食を核にした地域循環はとても大事ですね。

前田　給食を核にするのはいいですね。

鈴木　そうすれば国の政策が変わらなくても地域自給圏の中で排除できるじゃないですか。

◎行動を起こすとき

鈴木　最後に一つ恐ろしい話をしておきます。先日、食糧に関する緊急事態法みたいなもので食糧供給困難事態対策法ができました。この間、農業の憲法といわれる農業基本法を25年ぶりに改定しましたが、いま誰が考えてもやることは自給率向上じゃないですか。ところが日本政府は「自給率向上はどうでもいい」と。「農業農村は疲弊しているんでもうしょうがない。こんなところに金を出しても意味がない。潰れるほうが悪いんだ」と言って、みんなが潰れたあとに巨大企業が入ってきて、それが儲かるような仕組みだけはやりやすくしようねという内容にしたんです。

前田　なんですか、それ！

鈴木　まさに、みんなそう思うわけじゃないですか。「そんなんでいざというときに食糧は供給できるのか」と。すると出てきたのが有事立法です。「有事になったら農家は全員芋をつくれ、これは命令だ」というんですね。「その命令に従って芋をつくったら供出しろ。命令に従わない人は処罰する」というんです。

前田　えー。そんな法律をつくろうとしてるんですか⁉

鈴木　いえ、もうつくってしまったんです。

前田　つくった！　田んぼをいきなり畑にして芋をつくれなんて無理でしょ。

鈴木　無理ですよ。米はまだカロリーがあるからいいですけど、畜産とか花とかをつくってる農家も芋に切り替えて供出させるから大丈夫だという、こんなアホなことを決めてしまったんです、岸田政権のときです。こんなの100％憲法違反ですよ。

前田　弁護士会とかこういうのを見て、憲法違反だって、なんでやらないんですかね。なんのための弁護士会なんだよ。

鈴木　そうですね。

――う〜ん、結局、自分の身は自分で守るしかないんですね。そうなってくるとやっぱりヨーロッパ方式になるんですかね。ちなみに、ヨーロッパの人たちって、あまりにも政府がでたらめをやったときって、どうしているんですか？

鈴木　ヨーロッパの人たちがうまいのは東京でいうと首都高速を全部トラクターで封鎖してしまいます。人海戦術で。そうすると都心から食料が消えるので、それで「わからせる」ということです。ただ、日本の国民と違うのは、ヨーロッパの国民たちはそうなると、「これは国のほうが悪い。一緒にやろうじゃないか」と国民運動になって一緒になって戦うところです。ヨーロッパだってバイオ肉や昆虫を食べろというのを押し進めて農業潰し、環境潰しをやっています。それでヨーロッパの農民が怒ったのですが、そのとき、国民も一緒になって反対運動を行っているんです。

前田　沈黙しているのは日本だけですか？

鈴木　残念ながら日本だけです。ですから、この間、フランスの人が僕の講演を聞きにきていわれましたよ。「日本人っておかしいよね、これだけ一生懸命やっても最後の詰めが甘いからなんにもなってないね」って。「変えるまでやらないとダメですね」って。「みんなで頑張って勉強するのはいいんですけど、そこで終わったらアリバイづくりのパフォーマンスだろう」と。「やるなら最後、詰めるまでやらないとダメだ」っていわれて、「そうだな」と思いましたね。ドイツにしても糞尿をトラックに積んで国会議事堂に突っ込んで撒き散らしてましたからね。

前田　ドイツでそこまでやってるんですか。

鈴木　それができるのは国民が「そのとおりだ」と言って支援してくれるからです。そのためには何度も言っているように地域地域で生産者と消費者が結びつくということです。一緒につくって一緒に食べるというネットワークをつくることで一体になれるし、自衛ができます。

――日本の場合、コミュニティとか共同体というと、どうしても共産主義的な匂いを感じて反発が出るんですよ（苦笑）。

鈴木 いや、僕はそんなことを言っているわけではありません。地域というのはいわばご近所付き合いです。自分たちの住んでいるところをより住みやすくするために動こうというだけの話です。

前田 だから、それも洗脳なんですよ。当たり前のことをしようとするとすぐに左翼だとかいいだして国民が協力することを壊そうとするんですよ。そういうやり口に踊らされることにノーと言っていかないといけないですよ。

鈴木 あと政治家にも心ある人はいます。自民党でもですね、積極財政議員連盟という非主流派がいて、私も話をさせてもらったら、「農業にも金を出さないといけないね」と言っています。

前田 そういう議員もいるんですか？

鈴木 積極財政議員連盟には98人います。これだけいれば、結構、面的な力になりますね。ですから、「この98人でやってみてください。何人かは生き残れるかもしれませんから」とは言っておきました（笑）。

前田　生き残れるように応援しますよ（笑）。

鈴木　そうですね、そういう意識を広げていきたいですね。

第5ラウンド

日本の歴史は
どうなっているのか？

茂木誠（もぎ・まこと）
ノンフィクション作家、予備校講師、歴史系YouTuber。駿台予備校、ネット配信のN予備校で世界史を担当する。著書に、『経済は世界史から学べ！』（ダイヤモンド社）、『世界史で学べ！ 地政学』（祥伝社）、『超日本史』（KADOKAWA）、『「戦争と平和」の世界史』（TAC出版）、『米中激突の地政学』（WAC）、『テレビが伝えない国際ニュースの真相』（SB新書）、『政治思想マトリックス』（PHP研究所）、『「保守」って何？』（祥伝社）、『教科書に書けないグローバリストの近現代史』（ビジネス社・共著）、『バトルマンガで歴史が超わかる本』（飛鳥新社）、『「リベラル」の正体』（WAC・共著）など。

——早速ですけど、茂木先生は前田さんのことはご存知でしたか？

茂木　もちろんです。最近はＹｏｕＴｕｂｅでもちょくちょくお見かけして、しかも今の日本のことを憂いていらっしゃって、凄く共感しております。

前田　自分も茂木先生の活動にはずっと注目してまして、特に去年（２０２４年）の都知事選のときにお医者さんの候補が天皇一族は虐殺に虐殺を重ねて今の地位についた、と言ってることに対して反論されていましたね。「そのとおりだ」と思って拍手して、いっぱい拡散しましたよ（笑）。

茂木　ありがとうございます（笑）。

前田　ですから、今日はとても楽しみにしていたんですよ。実は、自分は常々、歴史について思うところがあるのです。それは何かというと、古代史を考えるときになぜみんな地政学を無視するのかなってことだったんです。１万年前の海岸線はどうだったのか？とか、１万５０００年ぐらい前の海岸線はどうだったのか？って。それを考えるだけで歴史って変わってくるんじゃないかなって思うんですね。

茂木　そうですね、ガラッと変わりますね。

前田　例えば、1万5000年前の日本列島って津軽海峡や対馬海峡が大陸とつながっていて陸続きでした。ですから、大陸から歩いて渡ってこれたわけですね。

茂木　厳密にいえば、対馬海峡の北側、対馬と朝鮮半島の間には、幅10キロほどの狭い海峡がありました。丸木舟で越えられる距離ですね。

前田　朝鮮半島や中国の古代文献を漁っていても、日本、倭国に関する話がいっぱい出てきます。新羅の初代国王は倭人だっていう話があったり、あとは呉の国の人たちも元は倭人だったといった話まであって（笑）。

茂木　僕らは今の国境線で世界を見てしまうんですが、国境なんてなかったんですよ、対馬海峡には。あのあたり一帯が「倭」と呼ばれていたんです。

――えっ、半島と九州は同じ国だったんですか⁉

茂木　そうです。現代人は海を境に韓国、日本と思っているんですけど違うんですね。半島南部から九州一帯が「倭の国」という感覚。

前田　だから、任那《みまな》は倭だったんですよね。別に日本が属国にしてた、とかいう話じゃなくて最初からあの辺は倭。白村江《はくすきのえ》の戦いも、日本から救援に行くのは当たり前で任那＝倭の救済だったんですよ。

茂木　いやぁ、前田さんはいろいろご存知のようですね（笑）。

前田　いえいえ、自分は興味があるだけで（苦笑）。

茂木　いや、嬉しいです（笑）。さて、今日はどこからいきましょうか。先ほど1万5000年前の話をされていたので縄文時代からいきましょうか？

前田　いいですね。

茂木　まず、長い縄文時代は7000年前ぐらいで一旦区切るんですよ。そこで何があったかと言いますと巨大噴火ですよね。いまは海中に沈んじゃったんですけど、鹿児島沖に巨大な火山がありまして、鬼界カルデラといいます。それが大噴火して鹿児島が全部火砕流でやられて、火山灰が西日本一帯に降り注いだんですね。森も枯れて獲物もいなくなり、相当縄文人が死んでいるはずです。

前田　九州一帯がやられてしまったんですね。

茂木　西日本一帯までやられてしまいました。しかし、縄文人がすべてやられてしまったわけではなく、そこを生き延びた縄文人たちがいました。鬼界カルデラ噴火後の日本列島の総人口はおよそ26万人です。ところが26万人中、25万人が関東、東北に住んでいたのです。生き残った縄文人の9割は東日本へ逃げたということですね。逆に西日本全体で1万人しか住んでいなかった。各県400人ですから、ほぼ無人です。これが鬼界カルデラの影響です。

前田　あ、そうか。だから西日本からはあまり遺跡が見つからないのか。

茂木　そうです。なぜ、縄文時代の人口分布がわかるかというと、まさに前田さんがおっしゃった遺跡の数です。竪穴住居に何人住めるか数えていくと、だいたい出るんですね。さらに面白いのが、韓国で縄文土器そっくりの土器が出てきて、人骨のDNAを調べるとほぼ縄文人というのがわかってきた。ということは、縄文人は東日本だけではなく、半島のほうにも逃げていたんです。

前田　九州の縄文人は東日本に行くよりも半島のほうが逃げやすかっただろうし。

茂木　まさに国境はなかったんですよ。半島にも避難してたんです。避難した縄文人は、そこでも国を建てたでしょう。

前田　それが日本神話になっていく。

茂木　素戔嗚尊《スサノオノミコト》のモデルとなる人が、半島から日本に戻ってきたんですよ（後述）。

――ということは半島のほうが天津国《あまつくに》になるんですか？

茂木　それはまたわかりません。僕は天照大御神《アマテラスオオミカミ》の神話と素戔嗚尊《スサノオ》神話というのは別だと思っています。『古事記』『日本書紀』をつくる段階で、ご姉弟ということにしたんだと思いますね。というのもスサノオの表現、記録が非常に奇妙で矛盾だらけなんですよ。一方ではお姉ちゃんを虐めた悪い弟となっていて、他方では出雲の建国者で大国主のお父さんです。どっちやねんって話なんですよ（笑）。

前田　黄泉《よみ》の国にいけば、大国主を虐め倒しますからね（笑）。これ、いろんな人の話が混じっているんですね。

茂木　そう僕は考えています。神話の話はあとでまたすることにして、いまいった流れが縄文から弥生の始めぐらいまでの話じゃないかと思いますね。

前田　実際に起こったことだと。

茂木　それじゃあ、なんで彼らは半島や東北から西日本に戻ってきたのかということですが、いまから３０００年前に寒冷化が始まって太陽光が弱くなったんです。

このため地球規模で寒冷化が起こり、冬が長くなる。それまでは東北地方も朝鮮半島も暖かくて住みやすかったのが寒冷化した。だから縄文人も南下したんですよ。

前田　寒冷化によって東北から戻ってくるし、朝鮮半島からも戻ってくるということになったんですね。

茂木　まあ、これは僕の妄想と思っていただけるとありがたいのですが、先ほど話に出たアマテラス・グループというのは東北のほうから戻ってきたんじゃないかと思うんですよ。

前田　東北方面がアマテラス・グループ。いわゆる天津神《アマツカミ》というのは半島のほうからきたと思っていたんですが違うんですね？

茂木　天津神はどこからきたか？　まさか天じゃないですよね（苦笑）。アマっていう古語は、天でもあり海のことでもあるので、海のほうから船団できたと見ているんです。日本列島を南下する場合、今の僕らの感覚ってどうしても陸路と思ってしまうんですね。だけど、縄文の終わり頃には道なんてないですから基本、海なんですよ。

前田　アマは天じゃなく、海（笑）。面白いですね、面白い。
自分が昔読んだ本で〝発掘される資料からわかる古代史〟みたいなものがあって、発掘された人骨を年代分けしていた本なんですが、その著者いわく弥生人というのは約1世紀の間に100万人単位で日本にきたんじゃないかっていう見解なんですよ。
茂木　そのとおりです。
前田　あ、やっぱりそうなんですね。それはどこからきたんですかね？
茂木　それがね、あちこちからきているんですね。だから、弥生人は単一民族ではないと思っています、僕は。東北からきているグループもあるだろうし、半島からも、琉球諸島からもきているでしょう。そんな単純じゃないですよね。だから鬼界カルデラ噴火で半島に渡った縄文人が、いろいろ混じり合って弥生人になって戻ってきているという可能性もあると。
前田　丸顔で毛深くて彫りが深いというのが縄文人のアイコンとしてあって、弥生人はどっちかといったら縦長の卵型の顔で毛深くなくてって。その本を見てると、人骨をパッと見るだけで違いがわかるくらいなんですよ。

茂木　ところが、最近、ＤＮＡの新しい検査によって縄文人にもたくさんの種族の人たちがいることがわかってきました。

前田　あっ、そうなんですか。縄文人の時点でいろんな種族がいたんですか？

茂木　はい。僕らは縄文土器をつくっているのはみんな縄文人って思ってるじゃないですか（笑）。そうじゃなくて、そこにすでにいろんな民族がいたんです。

前田　その時代から共生していたのか。

茂木　だから、シベリアからきた連中もいれば、琉球からきた連中もいて、まさに共生していたんですね。たまたま縄文土器を使っていた人たちが縄文人ってことだけなんですよ（笑）。

前田　縄文、弥生をあえて分けるということが誤解を生む原因になっているかもしれないですね。

茂木　だから、仮に、日本が滅んで何万年後かに発掘して調べてみたら、「この時代の日本人はコカ・コーラをみんな飲んでる。これはアメリカ人がきたからだ」って言ってるようなものと同じで、変なんですよ（笑）。

前田　そうですね、勘違いしていることが結構ありますね。

◎任那はなぜ消されたのか

茂木　鬼界カルデラの影響で半島に渡った人たちですが、最初、彼らはそれぞれバラバラに住んでいました。西暦2世紀にまた寒冷化が起こって、ユーラシア北方の騎馬民族が南下します。中国の漢王朝が滅んだのも寒冷化が理由ですし、満洲には騎馬民族が高句麗《こうくり》を建て、朝鮮半島へ南下します。半島南部の縄文系の血を引く人たちが、これはマズいってことでまとまったわけです。真ん中に山脈があるので、西の百済《くだら》、東の新羅に分かれたんです。

――いま任那の存在が曖昧になっているようですね、歴史の教科書では加羅《から》と表記するんですすね？

茂木　任那は半島の先端部分にあったんですね。今の教科書では加羅と教えています。任那という名前は消えました。その理由としては、任那という言葉が『日本書紀』と『古事記』にしか出てこないと。朝鮮側の記録の『三国史記』なんかには加羅と出ているので現地の言い方に合わせただけで、任那も加羅も実態は一緒です。

前田　文科省がやりそうなことですよ。

茂木　近隣諸国条項ですね（苦笑）。当時の中国の歴史書を見ると、その頃の朝鮮半島には100以上の小さい国があったと書いてあります。だいたい3つのグループに分かれて、半島の東が辰韓《しんかん》12カ国、のちの新羅。西が馬韓54カ国、のちの百済。新羅の中に3つのロイヤルファミリーがあって、そのうちの一つが前田さんが最初におっしゃった「祖先は倭人だった」という伝承を持ちます。で、半島の先端あたりが加羅と呼ばれ、ここがなかなかまとまらなくてモメている。しかも砂鉄が取れるので、ここを巡って新羅と百済が争うことになります。

前田　砂鉄でいうと、刀の世界に五箇伝ってあるんですよ。相州相模あたりを中心とする正宗の派閥の相州伝という刀工集団、美濃（岐阜）を中心とする美濃伝、山城（京都）を中心とする山城伝、奈良を中心とする大和伝、あとは備前（岡山）を中心とする備前伝があります。その中で、山城伝で有名な来派《らいは》っていうのがあるんですね。なぜ、来と付くのかというと古い刀剣書の中には外国からやってきたと。だから、来と付くんですね。

――渡来の来。もしかしたら加羅のほうからきてる可能性もあると。

前田 そう。面白いことに朝鮮半島から漂流物がくると必ず流れ着く場所って島根なんですね。ということは当然の人の流れもあったということですよ。

茂木 それはですね、海流なんですよ。日本海にはリマン海流というのが流れています。サハリンから朝鮮半島に向かって流れて、朝鮮半島にぶつかって南下する海流です。一方、対馬海流は九州西方沖から対馬海峡を通って日本海に上ってきますからリマン海流と対馬海流が出雲の沖でぶつかるんです。

前田 それで島根のあたりに漂流物が溜まるんですね。

茂木 さらに対馬海流に乗って北上して若狭湾にも流れ着くんですね。で、ここからが面白くて、若狭にもスサノオを祀る神社が多くあります。そして『日本書紀』には、スサノオは曽尸茂梨《そしもり》から出雲へきたと書いてあるわけです。

前田　そしもり?

茂木　これは新羅の地名です(笑)。

前田　えーっ、それは知らなかったな(笑)。

茂木　曽戸茂梨は古代朝鮮語で「輝く山」。のちに新羅となる地域です。こういう話はほかにもあって、スサノオの息子さんの五十猛《イソタケル》/射楯《イタテ》を祀る神社は中部地方にいっぱいあります。出雲のイソタケル神社は韓国神社と書いてカラクニジンジャと読むんですよ(笑)。

前田　えー、そうなんですか⁉

茂木　そうです。だから、スサノオ・グループは半島からきている可能性が強いですね。僕はこのグループを「出戻り縄文人」と考えています。

前田　ますます半島を含めて倭ということですね。

茂木　「神宮皇后の三韓征伐」ってあるじゃないですか。昔の国定教科書には必ず載っていたんですけど、敗戦後全部消されました、妄想だと言われて(苦笑)。仮に伝説としても「歴代天皇が盛んに朝鮮へ出兵したがるのはなぜなんだ?」って考えると「そこが故郷だから」というのはあるんじゃないですか。

前田　なるほど、そうですよね。

茂木　当時の大和の支配層から見ると、ここって外国じゃないんですよ。自分たちのルーツの一つなので、そこが新羅とか百済に侵略されているからそれを守りに行くっていう、たぶんそういう感覚だったと僕は思ってるんですよ。

それで、先ほどの海流ルートに話を戻しますが、これに乗ってやってきた1人目がスサノオです。2人目が天日矛《アメノヒボコ》です。アメノヒボコというのは但馬《たじま》ですよね、兵庫県の日本海側。そこにやってきて、大国主と争ってるんですよ。これは『播磨国風土記《はりまのくにふどき》』に載っています。

3人目が都怒我阿羅斯等《ツヌガアラシト》という人で、敦賀駅の前に銅像が立っています、この人は加羅の王子で、崇神天皇のときに敦賀に上陸しました。ちょうど崇神天皇が亡くなり、次の垂仁天皇と面会して、「わざわざ遠くからきてくれてありがとう。我が父の名前を持ち帰ってくれ」ということで、崇神天皇の諱（いみな＝本名）である御間城入彦《みまきいりびこ》の御間《みま》を貰って帰って、国の名前にしたので、そこを任那《みまな》というと。

前田　あっ、任那はそういう由来だったんですか。

茂木　崇神天皇のお名前だという話が『日本書紀』に載っています。

前田　いやぁー、凄い話だなぁ、知らんかったなぁ……。え～とね、茂木さん、自分は『ホツマツタヱ』（五七調の古代文字で書かれた古代日本の叙事詩。偽書の噂も絶えない）なんかも結構読んだりしたんですけど、ホツマツタヱによるとアマテラスは諱をキヨヒトといって男性だったと。そういうアマテラス神話はどうなってるんですか？

茂木　アマテラスさまが男の神だっていうところは僕も同意します。あと東のほうからきたというのも同意します。ただ、ホツマを読むと物凄く論理的で『古事記』の矛盾を全部解明するように書いてあるんです。

前田　自分もそれを読んで、「おーっ」と思いました（笑）。『古事記』に載ってないような神様が総出演でいろんな話が載ってるんですよ。「あ、そうなんだ」っていう話がいっぱいあるんです。

茂木　ありますね。だけど、僕は逆に「これって話が整い過ぎてる」と。つまり、

『古事記』の矛盾をなんとか解消したいと考えた後世の人が整合性をもたせるために書いた可能性があると思っています。これをいうとホツマの研究者に怒られちゃうんですけど（苦笑）……あとはね、物凄く移動するでしょ、神々が。富士に行ったり、阿蘇に行ったり。で、「何で移動したんですか？」っていうと「馬で移動した」ということらしいんですけど、馬が日本に入ったのって古墳時代です。神話の時代って縄文末期ですから馬はいません。なので、後世の知識が入っちゃってるんですよ。その知識がいつ入ったのかはわからないんですけど。

前田　ああ（苦笑）。

茂木　もちろん、すべてを否定しているわけではないですよ。一部には古い伝承があると思います。ただ、丸ごと信じるのは僕はちょっと難しいなと思いますね。

――日本の神話って、『古事記』『日本書紀』以外にも、いろいろあるんですね。

前田　あるよ。ヲシテ文字、神代文字っていうのもあるし。

茂木　ヲシテ文字も謎ですね。非常に論理的で面白いと思うんですけど、あれ、「あ・い・う・え・お」の5音なんですよ。古代の日本語は「あいうえお」のほかに「ゐ（うぃ）」と「ゑ（うぇ）」があったので7音なんですよ。だから、ヲシテ文字ができたのは7音が5音になった鎌倉時代以降です。というふうにツッコミどころがいっぱいあるんですね（苦笑）。

――こういう古代の伝承というのはどこに残ってるものなんですか？

茂木　主に地方の神社で語り伝えられてきました。『古事記』『日本書紀』に収録されなかった伝承として残されたものです。その伝承がずっと続いていれば問題なかったんですが、室町・戦国の戦乱で多くの神社が一旦途絶えるんですよ。

江戸時代になって自分たちのルーツをもう一回探すという国学ブームが起きるんですね。その過程で、〝うちの村の神社の蔵にあったこの文書〟とかを引っ張りだしてきて、地元の国学者が「お～。これは記紀とは違うぞ」とか言い出すんですよ。これが古史古伝というやつで、問題は、国学者が結構加筆してるんです（苦笑）。だから、本当の古伝と江戸時代以降の加筆部分との区別がつかない。

前田　「おらが神様を偉くするために」って書き加えたんだろうね（苦笑）。

茂木　そこなんですよ。当時、みんな筆写だから、筆写されるごとにどれがオリジナルでどれが追加分かわからなくなってしまってるんです。それでかなり怪しい資料になってしまう。例えば、古史古伝で一番有名なのが竹内文書というものです。神宮皇后の側近だった武内宿禰《たけのうちのすくね》の一族が語り伝えたという設定ですけど、昭和の初期に竹内巨麿《きよまろ》という人がいて、新興宗教の開祖なんですが、彼が大幅に加筆して、ムー大陸とか書いちゃったんですね（苦笑）。

前田　あれはどうなんですか？　聖徳太子《しょうとくたいし》が書き残したという全10巻の『先代旧事本紀《せんだいくじほんぎ》』。あれには何かあるんじゃないかと思って、自分、7万円ぐらい出して買ったんですけど。

茂木　『先代旧事本紀』は、序文は偽物です。

前田　に、偽物⁉

茂木　でも本文は本物らしいということが最近わかってきましたので、大事にしてください（苦笑）。だから、交ざってるんですね。本物と偽物が。

前田　本文は本物だったんかぁ。良かったたぁ（笑）。

◎歴史を勝手に解釈してはいけない

前田　ちょっと話が脱線してしまいましたけど、海流に乗って古代の神々のスサノオ、アメノヒボコ、ツヌガアラシトが山陰や北陸にやってきていたんですよね。

茂木　その海流ルートと神功皇后がどうつながるかというと神功皇后の出身地が北陸なんですよ。母方の祖先がアメノヒボコですから。だから、皇族の母方の祖先に半島からきた人がいたわけで、三韓征伐って故郷に戻っただけじゃないですか。

前田　そうですね。

茂木　あともう一人、謎の継体天皇という方がいらっしゃって、この方も北陸のご出身です。応神天皇に始まる一族が武烈天皇で途絶えてしまって、皇位継承者を探したらこの方にたどり着いたという話なんですが、なんで北陸の皇族がそんなに力を持ったのかというと、おそらく半島とつながってるんですね。それが血統なのか、交易なのかはわからないですけど、この継体天皇の末裔が今のご皇室ですから。

前田　結局、話をたどると朝鮮半島に戻っていきますね。

茂木　そうなんですよ。だから、こういう関係というのはそのあとの飛鳥時代、聖徳太子のころにも普通にあって、それが断ち切れて、対馬と半島の間が国境になったのは白村江からでしょうね。663年の白村江の戦いです。

前田　そうやって説明されると歴史に血が通ってきますね。

茂木　あの戦いで半島側にいた倭人の子孫とか滅ぼされた百済人たちが大量に日本に逃げてきます。おそらく何万人ときてます。

――う〜ん、ところで一つ気になることがありまして、茂木先生のお話を聞いていますと日本をつくっていった人たちって半島からきているってことになりますよね？

茂木　いや、もう1回言いますよ。鬼界カルデラの噴火で縄文人がザーッと半島に逃げました。東北地方にも逃げました。その後、寒くなってみんな戻ってきます。半島からも東のほうからも。ということはルーツは全員縄文人ですよ。

前田　だから、こういう話を出すと「なんだよ、天皇陛下も朝鮮人じゃないか」ってことを言い出すのがいて「いや、それは違うでしょ」って。そのころは国がなかったんだよ。

茂木　そのとおりですね。

前田　半島からはスサノオ・グループがやってきて国をつくりましたと。たぶん、こっちのほうが先に戻ったんだと思うよ、距離的にいっても。その後、東北からアマテラス・グループがやってきて、それで国譲りが起こったんですよ。でもルーツは全部縄文人であり、倭人であり、倭には半島も含まれているということですよ。ここを勘違いしたらダメですよ。

茂木　いや、まさに前田さんのおっしゃるとおりですね。

前田　歴史を中途半端に区切って独自に解釈したらダメだってことですよ。

茂木　同感です。で、いま「倭」という言葉が出たじゃないですか？　実は「わ」で面白いのが青森の津軽弁で、自分のことを「わ」って言うんですよ。もう一つ、自分のことを「わ」という土地があって、それが出雲なんですよ。実は津軽弁と出雲弁ってそっくりなんですよ（笑）。

前田　言葉が似てるということは……。

茂木　そうです。人の往来があったんですよ。だから、さっきの鬼界カルデラで出雲から青森のほうに逃げたのか、あるいは逆に寒くなって青森から出雲に戻ってきたのかはわかりませんが、とにかく、出雲と津軽はつながっています。あと遺伝子を調べても縄文系が強いのが東北と出雲なんですよ。

前田　そこでも出雲ですか（笑）。

茂木　あと鹿児島と沖縄。逆に渡来系が強いのが北陸と近畿、そして四国です。

前田　あ！　四国‼　四国にはやっぱり何かありますね（笑）。

◎日本史の底知れぬ魅力・日本史沼

前田　やっぱり四国ですよね。実は自分、前から気になっていたことがあって、茂木さんは邪馬台国徳島説ってどう思われます？

茂木　いや、否定はしませんせん（笑）。ちょっと考古学的証拠が足りないかなと思うだけです。奈良の纏向《まきむく》遺跡、佐賀の吉野ヶ里《よしのがり》遺跡のような大規模集落が見つかってないですね。これから出るかもしれません。それと、四国は『古事記』『日本書紀』で隠されていますね。

前田 隠されている？

茂木 わざと書かないようにしています。何か都合が悪いことがあるんでしょう。

前田 四国にはいまでも皇室の祭礼の衣装をつくっている一族がいるんですよね？

茂木 皇室に麻の衣を納めている三木家ですね。三木さんというお家があって、天皇の即位のときの大嘗祭という秘密の儀礼があるんですよ。いまでも天皇しか見ちゃいけない。夜を徹してやるんですけど、そのときに神様に供える衣があるんです。その麁服《あらたえ》という衣を織るのは徳島の三木家だけなんです、いまでも。

前田 その衣は、もちろん、公開されていないんですよね。

茂木 徳島で織って天皇家に送るまでの写真はあります。麻の衣です。

前田 だから、そういう話を聞くとますます邪馬台国徳島説が沸き立つのもわかるんですよ（笑）。なんでかっていうと魏志倭人伝には邪馬台国には水銀が産出すると書いてあるんですが、徳島には日本で唯一、水銀朱という朱色の顔料にしていた採掘場がある。あとは延喜式の古い神社がわんさかあるんですよ。

茂木　古い神社もね、室町戦国時代に荒廃しちゃっててわからないんですよ。で、江戸時代以降、「この延喜式のこの神社はこれだよね」って、あとで紐付けしているから、ちょっとあれは眉唾なところがあります。

前田　真偽が怪しいところがあるんですか。ただね、卑弥呼の墓もあるっていうのはどうですか？

茂木　あっ、それ、僕行きましたけど、う〜ん……あれは謎ですね（苦笑）。

前田　五角形の石積みの祭壇があって、その上に祠《ほこら》があって、これが卑弥呼の墓だからっていって。

茂木　徳島の人はそういいます。僕もそれは全然否定はしませんけど、ほかにも候補地がいくつもあるので、なんとも。

――ただ、四国そのものが不思議で、以前、茂木先生は吉野川の不思議についてＹｏｕＴｕｂｅ動画にしていたと思うんですが。

茂木　中央構造線のことですね。日本最大の断層です。えっと、吉野川を地図で見ていただくとわかるんですが、まっすぐに四国を横断しています。東にいくと淡路島をはさんで、和歌山の紀ノ川が流れています。これもまっすぐな川です。吉野川と紀の川に定規を当てると愛媛県の佐田岬半島につながり、これをさらに延ばすと阿蘇山につながります。逆に東のほうに延ばしていくと伊勢に行き、伊勢から渥美半島、ここからぐっと上に曲がって伊那谷を通って諏訪湖。これ、地殻変動で日本列島自体がポキンと折れ曲がってしまったのです。諏訪湖からは東に曲がって関東平野を横断し、太平洋側の出口に鹿島、香取の神宮があります。

ですから中央構造線は、阿蘇山から四国と紀伊半島を横断して伊勢神宮、諏訪大社を通って香取、鹿島の神宮までいきます。そこには「一の宮」と呼ばれる各地の最も重要な神社がずらっと並んでいるんですよ。

前田　有名な神社神宮が並んでいるというのは知ってましたが、一の宮まであったんですか。

茂木　たくさんあります。断層ということは大地がズレてるから基本的に谷間になって歩きやすいんですね。人々が移動するときにここを通っていくんです。そこにお宮をつくったと僕は見ています。これはたぶん、縄文時代のメインストリートなんですよ。いま神社がある場所は、縄文時代には建物がなくて、巨石とか滝とか断崖とか、そういうものを祀っていたところだと思うんですよ。

前田　不思議なのはこの中央構造線上の巨石やなんかをなぜ縄文人は祀っていたんか?ってことですね。

茂木　それは磁場ですね。磁場の乱れがあるのがわかったんだと思います。地球ってデッカイ磁場になっています。方位磁石でN極が北、S極が南を指しますね。磁石というのはNとSが引き合うので、実は北極がS極、南極がN極なんです。動物なんかはその乱れを感じることができて、渡り鳥がシベリアから日本まで迷わずこれるのは磁力線が見えるからなんです。

前田　見える?

茂木　見えるんです、目で。それが最近わかったんです。磁力線が光として見えるそうです。地殻変動が起こると、この磁場が乱れます。断層上には、方位磁石が南北を指さない場所がいくつかあります。ここからは僕の妄想ですけど、縄文人もある程度、磁場の乱れを感じたんじゃないかと思います。この岩がおかしいというところに注連縄を張って祀ったのが、神社の始まりじゃないかと思います。

前田　そうか、そういうことか。

茂木　さっき前田さんが地政学っておっしゃったじゃないですか。だから、神社が建っている場所をちゃんと地質から調べるといろんなことがわかるんですよ。多くの場合が断層です。あとは太陽です。神社の参道の方角ですね。これが1年間の特定の日に、日が昇る方角もしくは日没の方角を向いています。

前田　夏至と冬至の方角。

茂木　そうです。これは結構あります。鹿島神宮もそうです。鹿島神宮は大鳥居を入ってまっすぐ参道を進むと、なぜか本殿は右横にあるんですよ。「あれ？　じゃあ、この参道をまっすぐ行った先には何があるんだろう」と思うと森に入っていくんですけど、あの方角から冬至の日が昇るんです。だから、鹿島神宮の始まりは太陽崇拝だと僕は見ています。これは世界的に見てもそうで、イギリスのストーン・ヘンジってあるじゃないですか。ストーン・ヘンジは石が円形に並んでいて1ヶ所だけ開いているんです。その開いた方角が夏至の日の出の方角です。だから、ああいう巨石建造物というのはほぼ間違いなく太陽崇拝で、北ヨーロッパとかシベリアにあって、日本でいったら東北、北海道にストーン・サークルがあります。

前田　世界的に見ても巨石を祀る風習はあるし、それが神になっていくと。だから、神社には歴史の謎を解く鍵がありますね。

茂木　まだまだ知られていない秘密が、たくさんあると思います。

◎宗教と歴史と日本

前田　自分は神社にお参りするのが好きで、鹿島なんかは40年ぐらい通ってます。だから、そこの禰宜《ねぎ》さんとも顔見知りになって伊勢神宮に行くとそこでまた会ったりして（笑）。そうやっていくうちに祝詞《のりと》に興味を持って祝詞集を見ながら、「とほかみえみため（神道の唱え言葉）」とはどういう意味ですかとか聞いたり。

茂木　ほぉ〜。

前田　そういう中で疑問が湧いてきたのが伊勢神宮の外宮《げくう》と稲荷神社の関係です。お稲荷さんの本当の大元は外宮だっていう話があると聞いたんですが。

茂木　まず伊勢神宮の成り立ちから申しますと、崇神天皇のときに疫病が流行ります。人民の反乱もあって祟られているという感じがしたので崇神天皇が夢占いをするんですね。そしたら大和の大国魂さまとアマテラスさまを一緒に祀っていたのがダメなんだとわかったので、宮中から出そうという話になりました。

いや、ここから変じゃないですか（笑）？　アマテラスさまってご皇室の祖先神じゃないですか。それを宮中から出すというのは何なんだろうと。アマテラスさまを象徴する鏡ですね、いわゆる八咫鏡《やたのかがみ》を宮中から出して、どこに祀るかはアマテラスさまからお告げがあるからということで、ヤマト姫という巫女《みこ》さんが鏡を託されて、宮中を出てご苦労なことに放浪されるんです。

前田　放浪するんですか。

茂木　はい。ここも違う、ここも違うって言って、あちこち祀って、こういう場所を「元伊勢」といいます。北陸にたどり着いた場所が天橋立の近くの籠神社《このじんじゃ》。そこに数年とどまります。ここで祀っていた穀物の神様が豊受さまです。やはり北陸はいろいろ秘密を持っていると思いますね。

最終的にヤマト姫さまは伊勢までやってきます。急にアマテラスさまのお告げが下って「ここがいい」ということで祀ったのが伊勢神宮の内宮《ないくう》です。崇神天皇の亡くなられたあと、垂仁天皇のときですね。

その後、雄略天皇のときにまたお告げが下ります。食事をするときに籠神社で世話になった豊受さまを思い出す。伊勢に呼んでほしいというお告げでした。こうして豊受さまを北陸からお呼びして造ったのが外宮なんです。ただ、この外宮は内宮とほとんど同じ規模で造られています。

前田　不思議な話ですね。

茂木　謎ですよね。皇祖神のアマテラスさまの神社と、お食事係の外宮がまったく同じ規模で造られている。だから、お食事係というのはあとで付けた理由であって、もっと偉い神様じゃないんですか、という話になっています。

前田　豊受さんが。

茂木　これは鎌倉時代ぐらいに伊勢神宮の神官が言い出して、実は外宮のほうが偉いんだって話になってきたんです。そのお食事係ということから、同じ穀物神である稲荷神社の神様、宇迦之御魂《ウカノミタマ》さまと同一視されるようになってきたんです。ですから、外宮の神様の本当の正体はわからないんです。

前田　結局、こういう話っていうのは何を意味しているんですか？

茂木　日本神話の完成形である『日本書紀』を編纂《へんさん》したのが天武天皇と次の持統天皇の時代で、白村江の直後ですから唐が攻めてくる可能性がありました。その中で日本列島各地の豪族に祖先神がいて建国神話があるのはマズいんです。外国と内通する者も出てきますから。だから各地の神話をつなげていってアマテラスを祖先神とする一つの体系にしたのが日本神話だと僕は思っています。その中で籠神社の祖先神だった豊受さんが格下げされてお食事係にされてしまったのかもしれません。

前田　あと、あれはどうなんですか、「天智天皇と天武天皇は兄弟なのに弟の天武天皇のほうが年上だった」っていうのは？

茂木　あれもよくわからないんです。そもそもあの二人は兄弟じゃないという説もあるんですね。天武天皇というのは謎なんですよ。実は若い頃の記録がまったくないんです。ですから、白村江の戦いのときにも出てこなくて、壬申《じんしん》の乱で急に出てくるんですよ。あと、天皇のお名前には諱と諡《おくりな》があります。諱というのは本名です。当時は高貴な方のお名前を呼ぶのは無礼であり、忌むから諱です。生前は今上《きんじょう》天皇と呼び、亡くなられたらそれぞれの業績に応じて○○天皇と名付けたり、あるいは年号でお呼びしたりします。ですから、「中大兄《なかのおおえ》」が諱で「天智天皇」が諡です。

ところが、この天智という名が謎なのです。古代中国で殷の紂《ちゅうおう》王が悪名高い暴君ということになっています。周の武王に敗れた紂王は、宮殿に火を放ってありったけの財宝を身にまとって死ぬんですよ。そのとき、紂王が身にまとっていた宝石を「天智玉」というんです。つまり「天智」は紂王を暗示しています。

前田　暴君という意味がある。

茂木　そうです。中大兄皇子は暴君だったんだと。その息子を倒した自分、天武は正統なんだと。こういう意味があります。

前田　だから、天武だと。俺は武王だというわけですね（笑）。

茂木　そうです。中大兄皇子（天智天皇）は、息子の大友皇子に皇位を譲るつもりでした。ところが大海人《おおあま》皇子（天武天皇）が謀反を起こした。これが壬申の乱です。正統な皇太子を倒して、皇位を奪った。その天武天皇が『古事記』『日本書紀』を編纂したわけですから、自分が正統だといいたいわけです。

前田　なるほどね。

茂木　ですから『古事記』『日本書紀』の問題点というのは二つあるんです。唐に対して日本は古来統一国家だという話にしたいというのが1点。もう1点は、壬申の乱で天下を取った私は正統だというこれ。これは譲れないんですね。その過程で都合の悪いことがいろいろ消されているだろうということです。

前田　その過程で天智天皇・天武天皇兄弟の兄と弟が逆転してしまったんですか？

茂木　そこがわからないんですよ。兄弟じゃないかもしれません（苦笑）。

前田　そうかぁ。でも、歴史の醍醐味はそういう失われたピースを埋めていく楽しみもありますよね（笑）。だから、自分、思うんですけど、歴史というのは自らのルーツを探る上で不可欠なものなんですけど、その一方で、最高の趣味なんですよ。謎解きの面白さはもちろんですけど、日本人とは何かを理解する上で絶対に欠かせないものですね。

茂木　そのとおりですね。日本の歴史って世界的に見ても凄いものがあるんですよ。例えば、中国って長い歴史のある国じゃないですか。あるいはヨーロッパのほうだったら古代ローマ帝国やペルシャ帝国なんかがあるじゃないですか。じゃあ、その古代の文化や宗教の痕跡が残っているのかというとまったく残ってないですね。ローマには神さまがいっぱいいいたんです。多神教といいます。日本の神話とそっくりです。その古代の神々はどうなったかというとキリスト教によって全部消されました。ヨーロッパになんとか大聖堂ってたくさん残ってるじゃないですか。

前田　フランスに多いですね。

茂木　そうですそうです。あれってもともとローマ時代の多神教の神殿なんです。それをキリスト教徒がぶっ壊して上に教会をつくってます。パリのノートルダム大聖堂って有名ですけど、あの地下を調査したらローマ時代のユピテル神殿が出てきたんです。ユピテルってローマの最高神です。それからペルシャにはゾロアスター教という宗教があったんですけど、これもほぼ消されました。イスラム教徒にやられました。中国には最近まで道教がありましたが、共産党に全部消されました。

前田　文化大革命ですね。

茂木　ということで、古い多神教が残っているのが日本なんです。２０００年前から続く神社が普通にあるじゃないですか。こんなこと世界ではありえないんです。

前田　式年遷宮も建物は20年ごとに建て替えてますけど、建てる技術は残ってるんですよね。

茂木　そうなんです。伊勢の建築技術というのは弥生時代のままです。あの木組みもすべてです。わざと瓦を使わない茅葺きで、白木のままじゃないですか。それは弥生時代の伝統を残しているんです。

では、なぜ、こういうものが残っているのかというと、それは日本列島が幸運にも異民族支配を受けなかったこと、そして皇統がずっと続いてきたこと、多神教が続いてきたからなんですが、これは世界史の奇跡なんですね。ところが今の日本では歴史教育でこういったことを教えたがらないんですよ。

前田 歴史と宗教を切り離してますよね。でも、それをやると、日本の根幹の部分がまったく理解できなくなりますよ。

茂木 現代人は理性で理解できないものなんか意味がない、すべて理性で理解できると考えたがるんですね。これを啓蒙思想といいます。理性だけが正しく、感情というのはつまらないもの、下劣なものだと。宗教って感情に訴えるものじゃないですか？　だから、そういったものは子供たちに教えてはいけないという思想で、これはフランス革命の頃から始まるんですよ。

前田 ルソーとかですか。

茂木 まさにそうです。ヨーロッパでキリスト教を攻撃したのが啓蒙思想で、フランス革命中、教会を徹底的に破壊して、「理性の女神」を祀るという馬鹿げたことをやってました。

前田 理性ってなんだって話ですよね。

茂木 結局、やってることは宗教と一緒で、理性を拝んでいるわけです。それを受け継いだのがマルクスやレーニンで、ロシア革命でまた教会が破壊されるわけです。このロシア革命に憧れる文化人が欧米諸国でも大量発生し、家族や教会を大事にする伝統的な価値観を「遅れたもの」「反知性的」と軽蔑するようになります。アメリカのマルクス主義者は民主党に潜り込み、教育システムを変えていきます。

日本は1945年の敗戦で建国以来初めて外国に占領されました。このときのアメリカは民主党のトルーマン政権です。だからGHQの中には隠れマルクス主義者がたくさんいて、日本の教育システムからカリキュラムまで変えてしまったのです。

日本でもアメリカでもそういった教育がずっと行われてきた結果、自分たちの生き方の根っこにつながるような信仰を持つことが恥ずかしいとか、そういった風潮が生まれてしまったんですね。僕は、これにいま抵抗しています。

前田　自分も同感ですね。日本というのは感情の文化というのを尊ぶ国だと思うんですよ。つい最近、長らく行方不明になっていた細川幽斎《ほそかわゆうさい》所持の愛刀だったという刀を手に入れたんですよ。で、いろいろ調べたら丹波地方の城で敵に包囲されて、これでやられるなっていうときに、ある法師に、「古今伝授《こきんでんじゅ》（『古今和歌集』の注釈)」を伝える書状と品物一式、それと一番大事にしている奥義みたいなものを歌に託したんです。どういう歌かというと、「いにしへもいまも変わらぬ世の中に心の種をのこす言の葉」というもので、なんかね、そこに全部あると思うんですよ。

茂木 素晴らしいですね。現代人の理性崇拝という馬鹿げた思想に、2000年の歴史を持つ国が屈することはない、してはいけないと私は思っています。

前田 だから、聖徳太子が「和をもって貴しとなす」と言うし、日本の国家を歌うと「さざれ石の巌《いわお》となりて」になるんですよ。さざれ石がどんな石かというと鹿島神宮にもあるんですけど、砂岩、礫岩《れきがん》、火成岩がガチっと固まって1個の岩になってるんですね。だから、人の出自だとかいろいろあるんだけど、ちゃんと団結しましょう、和しましょうというのが日本の国の根幹なんです。

さっき茂木さんもいわれたように日本人って縄文人といっても何種類もいた、弥生人といっても何種類もいた。だけど、なぜ彼らはまとまったのかというところだと思うんですよ。日本というのは素晴らしいところなんだけど、地震はある、台風はある、洪水はある、津波もある、火山もある、住むだけでも大変なところじゃないですか。人々が助け合わないと自分たちの共同体を守れないという場所だからなおさら気持ちの文化が育ったんだと思うんです。ほかの人の身になって察するということ。そういう日本人の根幹をもっとみんなわかってほしいですね。

茂木　おっしゃるとおりですね。神話や宗教を理解することで日本人というのを理解する。それが国を愛することにつながっていくんだと思いますね。

前田　同感です。今日は面白い話をありがとうございました。

茂木　いや、僕もお話しできて良かったです（笑）。

第6ラウンド

日本の税と政治家はどうなっているのか？

安藤裕（あんどう・ひろし）

税理士。慶應義塾大学経済学部卒、大手鉄道会社入社。平成 10 年安藤裕税理士事務所を開設。平成 24 年 12 月衆議院議員初当選以後 3 期連続当選。内閣府大臣政務官兼復興大臣政務官、衆議院文部科学委員会理事、法務委員会理事等を歴任。議員連盟「 日本の未来を考える勉強会 」を設立。現在は自由な立場で講演活動や YouTube 等で日本の政治経済についての情報発信。積極財政の必要性及び、消費税廃止に向けた活動を活発化。

◎日本政府は中小企業を潰そうとしている⁉

――今回は税金をテーマにお話ししていただきたいと思っています。

前田　税金の話でいえば、ウクライナの年金を払うために58兆円の金を日本が負担するって発表が去年（２０２４年）の６月にありましたよね。あれって日本人が払った税金から出すんですよね。

安藤　おかしいですよね。

前田　まったく、政府は国民のために金を使いたくないんですかね？

安藤　そうですね、中小企業は潰れていいと思ってますから。潰そうとしているんです。

前田　ですよね、そんなことになったら……ん？　いま何て？

安藤　いや、政府は中小企業を潰そうとしてますから。

前田　潰そう……えっ、政府がそれを進めているってことですか？

安藤　はい、そういう政策を進めていますからね。中小企業を潰すから外資にドンドン日本に投資してくれと。外資が日本の企業を買いやすいようにしているんです。それが今の政府の方針です。

前田　えーっ⁉　ウソですよね？

安藤　いいえ、僕はコロナのときはまさに自民党の衆議院議員をやっていたから、政権がどういうことを考えていたのかをよくわかっています。「このコロナを自力で乗り越えられない企業は潰す」という方針だったんです、最初から。

前田　⁉（絶句）

安藤　本当です。僕ははっきり聞いてます。当時、僕は若手の議員を集めて「日本の未来を考える勉強会」という議員連盟をつくっていて、「ロックダウンなんてことをしてたら企業や店舗はみんな潰れてしまうから100兆円の予算を組んで休業補償をしましょう。貸付じゃなくて給付にしましょう。消費税もゼロにしましょう」という提言書をつくって政権幹部のところにもっていったんです。だけど、方針がもう潰すということになっていたから、その提言には見向きもしない。最初からやる気がない。でも、そんなことを国民には言わないですよね。

前田　言ったら暴動が起きますよ！

安藤　でも、自民党内ではそういう話だったんです。ただ、ロックダウンで何も出さないというわけにはいきませんから、とりあえず、政府が決めたのは100万、200万の持続化給付金は出す。それでも苦しいと言ってきたところには融資をする。これがゼロゼロ融資ですね。

前田　ありましたね。政府系の金融会社が無利子・無担保で貸し付けるゼロゼロ融資。

安藤　だから、それぐらいはとりあえず、やりますと。ゼロゼロ融資にしたって「そのあと、債務免除しますよ、返さなくていいですよ」ということを口では言うわけですよ。それは前回の参議院選挙の公約にも書いてありますよ。しかし、やらなかったんです、結局。

前田　やってないどころか、いま貸し剥がしをしてますよ。だから、中小企業がバタバタ倒れてますよ。

安藤　それをマスコミは「ゾンビ企業だからしかたない」とかいうでしょ？　ゾン

ビ企業じゃないですよ。不景気だからゾンビのように見えてるだけで、景気を良くすれば真っ当な企業に戻れるのに、「本来なら死んでいるゾンビ企業」とか偏向報道をして。

前田　「ゾンビ企業」という言い方もふざけてますよね。政府が治療しないだけでしょ。死んでないですよ。

安藤　完全な印象操作ですよ。景気が良くなるだけで生き返る企業はゾンビじゃないですよ。手当てをしないから死にかけているんです。その手当てが対症療法的には融資であり、根絶治療としての景気回復です。ところが、自民党はそれをしない。景気を良くする気がないから、本来ならば潰れなくてもいい中小企業がバンバン潰れていくんです。最初から救済する気がないんです。それが今の自民党です。

◎日本がおかしくなるのも当たり前

前田　例えば、去年の自民党総裁選なんか候補者全員が「増税賛成」で「コロナワクチン推進」でしたよね。

安藤　彼らは30年間ずっと自民党で国会議員をやってるような人たちですよ。ということは、あなたたちの30年間は日本を衰退させた30年です。そのことについて、一言でも謝った人いますか？

前田　いないですね。それをまず謝るべきですね。

安藤　そうですよ。こんなに日本を衰退させたことについて、「本当に申し訳なかった。ずっと閣僚をやり、党の三役をやり、政府の重要な役職に就いてきたのに申し訳ない」と言うべきです。ところが、彼らはやれ、「安倍さんの後継者です」とか、そういう話じゃないでしょ。

――安倍さんも消費税を上げちゃいましたね。

安藤　抵抗してましたけどね。

前田　総理でも財務省には抵抗しきれないんですか？

安藤　あのとき、モリカケ問題とかがあったでしょ。弱みを握られたから最後は上げざるを得なかったんでしょうね。

前田　上げたくはなかったんですか、安倍さんは。

安藤　安倍さんは一応わかってましたよ。1回5％から8％に上げたじゃないですか。あのときはまだわかってなくて、取り巻きが「大丈夫ですよ」というのを信じてあげました。しかし、結果は経済の失速で「これはアカンな」というのはわかってたと思います。

前田　やっぱり消費税は上げたらダメなんですよね。

安藤　ところが、自民党はドンドン上げて、いまは10％。まだ上げようとしています。

――ですから、今日は消費税がいかにひどい税なのかというのをお聞きしたいと思ってます。

前田　消費税はやっぱりダメでしょ。なんでかといったら、税金は収入の多い人から多めに取って、普通の人からは少なく取るか、あるいは取らなくてもいいようにするのがいい税金の取り方だと思うんですね。ところが、消費税になると全員から取るでしょ、同じように。そしたら貧しい人はさらに貧しくなるし、苦しい人はさらに苦しくなりますよ。

安藤　そのとおりですね。財務省のシナリオは弱い人からも強い人からも一律に税率をかけて取りますよという話です。ただ、最初に導入されたときって3％だったので広く薄くで全然マシだったんです。ところがいま10％で3倍以上になっていますから、立場が弱い人には物凄い負担です。やっぱり収入の中に占める税の比率が高すぎるんです。

前田　そもそも日本で消費税を取る必要なんてないと思うんですね。すでに消費税に値するような金を別の名前で取ってますよ。例えば、源泉徴収。あれについて調べてみたら、昭和12年の日華事変の戦費調達のためにやった特別立法ですよ。

安藤　そう。そのとおりです。

前田　それがいまでも続いてることがおかしいんですよ。いまでも実施してるのって韓国とオーストラリアとインドしかなくて、オーストラリアとインドは日本よりもはるかに低い税率ですよ。あと年金もそうですよ、社会保険とか言っているけど実質、税金じゃないですか。

安藤　去年の総裁選で小泉進次郎は「年金の支給は80歳から」とか。

前田　何を考えてるんだって！　自分はもっとひどいことを役所から言われましたよ。貰える年齢になっても年金と収入が1000万円超えてたら出ませんっていうんですよ。「何それ？」って。だったら、「入るときにいえよ」って。で、「結局、これ税金なんでしょ？」って詰めたら、「いや、保険です」って。「保険なら詐欺だよ。入るときは何もいわなくて、払う段になって、お前は1000万円以上年収あるからダメ」とかって（※参照）。そういうのを含めたら、日本人ってデンマークや北欧の福祉が充実した国よりもはるかに高い税金を払ってると思うんですね。なのにまともな福祉もないじゃないですか。どう考えても世界で3位だ、4位だっていう経済大国のレベルの生活を日本国民は送れてないですよ。

安藤　そういう状況にもかかわらず、日本はいま消費税を上げようとしてます。

前田　間違ってますよね？

安藤　もちろん、間違っています。ですから、今日は消費税の正体をバラしたいと思います。

※在職老齢年金の支給停止の仕組み（日本年金機構のＨＰより）
（総報酬月額相当額＋基本月額－50万円）×１／２＝月減額
厚生年金月10万円プラス月収42万円の場合、厚生年金は１万円減額＝月９万円
厚生年金月20万円プラス月収80万円の場合、厚生年金は全額減＝支給停止

◎消費税の正体

安藤　そもそも消費税って消費者が負担している税だと教え込まれているじゃないですか？　しかし、それは違います。事業者に課せられた税です。事業をやってる人全員に課税しています。つまり、これは売上税です。

前田　売上税……。

安藤　はい。それをまず理解してほしいんですね。それを政府が誤魔化してて「買い物をしている消費者が負担している税なんですよ」と洗脳してるから、事業者が

実は重たい税金を課せられていることに気が付かないんです。

前田　事業者が払ってる？　いや、消費税は消費者が払ってる税じゃないんですか？　モノを買うとき10％の税金を自分らは毎回払ってますよ。

安藤　だから、そこです。そこに騙しがあるんです。何が騙しなのかというと、例えば私たちがコンビニで１１０円の品物を買ったらレシートには本体１００円、消費税10円と印刷されたレシートを貰いますよね？　でも、それがウソなんです。

前田　ウソなんですか⁉

安藤　なぜなら、この消費税10円がみんなそのまんま税務署にいくと思ってますよね？

前田　思ってます。えっ、違うんですか⁉

安藤　違います。あれは売価１１０円のモノを１１０円で売ってるだけです。

前田　じゃあ、「内消費税10円」と印刷されている、アレは何なんですか？

安藤　ただの印刷です。財務省の指導でああなっているだけで、なんの意味もありません。だから、ウソなんです。あれはレシートの騙しなんです。

――どういうことですか？

安藤　レシートに書いてあるから、消費者はみんな小売り店なんかが消費税分の10円をプールしていると思うわけですよね？

前田　そう思ってますよ。

安藤　実はそれが間違いなんです。ほとんどの国民が消費税については「すべての取引には適正な経費があって、それに適正な利益が乗っけられてまず適正な売価が設定される。そこにさらに消費税が10％上乗せされて適正な販売価格が設定される」という前提で議論しているのです。

前田　適正な経費＋適正な利潤＝適正な売価。まあ、そうですね。経費に利益を乗せて売ってます。

安藤　その売価にさらに消費税10％が上乗せされる。これですべての取引がなされていると思っているはずです。

――そうじゃないんですか？

安藤　現実の社会がそうなっていればいいんですけど、世の中には赤字企業がいっぱいあるじゃないですか。実は中小企業の6割、7割が赤字です。赤字企業が存在しているということは適正な利益を乗せられていないから赤字なわけですよね？ということは適正な経費・原価に適正な利潤が乗せられて適正な売価ができているという理屈が成り立ってないんですよ。

——そもそも国民が考えている消費税のイメージが現実的ではないと。

安藤　現実的ではありません。幻想の世界。赤字企業が存在しない社会でなくては消費税は成り立ちません。でもそんな社会はありえませんよね。つまり、消費税はファンタジーの世界でなくては成り立たない税金なのです。ところが財務省のイメージは違います。みんな利益が出て、そこでさらに10%を上乗せしてるから払うのに苦労するはずがない、という制度設計、イメージなんです。だから、売り値に上乗せできない、お客さんから消費税分を貰えない赤字企業でもとにかく売上の10%払え、なんですよ。

——前田さん、昔、格闘技団体の『リングス』を経営してたじゃないですか。興行ですからいいときはいいですけど、悪いときは赤字になるときもあったと思うんですよね。そういうときって税金払ってます？

前田　いや、払えと言われたら払わないとしょうがないよ。抵抗できないんだから赤字でもなんでも払ったよ。

安藤　どうやって払ってました？

前田　私財売って払いましたよ。

安藤　そうですよね。そうなるんですよ。通常、赤字決算の場合、税金は払う必要はありません。でも、消費税は赤字でも払わないといけない、物凄くおかしい税なんですよ。そこをみんなに知ってもらいたい。いかに中小企業を虐める、中小企業にとんでもなく負担をかけている税かを知ってもらいたいし、中小企業の経営者とか、中小企業で働いている人たちに、消費税がとんでもない中小企業虐めだということを知ってもらいたい。でも、それをみんな知らないんで、怒らないんですよ。

前田　財務省はわかってるんですよね？

安藤　財務省はわかってます。去年の頭ぐらいに財務省ＯＢの小黒一正《おぐろかずまさ》さんという法政大学の教授がある雑誌に書いていたのが「消費税は財務省の中では第二法人税と呼んでいます。なぜなら法人税と課税ベースが違うだけで事実上法人にかけている税だからです」と。だから、財務省はわかっているんですね。売上税だということを。法人税よりも課税ベースが広い法人税だとわかっている。でも、国民にはいわない。国民には「事業者じゃなくて消費者が負担するものだ。事業者にとってはいわば預り金なんだから赤字でも払え」なんです。

前田 国民から預かっているんだから払えと。そういうカラクリか。

安藤 だって、儲かってたら税金払うのなんて苦労しないはずなんですよ。「嫌だな」とは思うけど、払うのには苦労しないはずです。でも、消費税は赤字でも払わされるから払うのに苦労します。だから、私財を売って金をつくって払わなきゃいけないという状況が起きるんです。この消費税をどうやってなくすか？　そのためにはみんなに正体を知ってもらわないといけない。

前田 だって、ドンドン苦しくなっていきますからね、経営が。

安藤 消費税があることによって有利な人たちと、不利な人たちがいるんですよ。有利な人たちは消費税が上がったら、その分、価格に転嫁できる人たち。大企業はそれができますよね。ブランドのある人たちはそれができるから、消費税率が上がっても懐は痛まない。それに消費税率が上がるときってだいたい法人税率が下げられているんで、法人税減税のメリットが受けられます。だから、大企業は凄いお得です。逆に不利な人たちは誰かというと価格の上乗せができない人たち。そういう企業は消費税率が上がってもお客さんからその分、取れないので自分の利益を削って納めなきゃいけない。

前田　大企業の下請けで部品なんかをつくってる中小企業なんか、最初から部品の価格が決まった形で発注を受けてるから「消費税が上がりましたから上げてください」って言っても簡単に通らないだろうね。

安藤　逆に「消費税分ぐらい負けてよ」って叩かれます。それで負けたらただの値引きなので利益が減るだけです。それと消費者には物価が確実に上がります。ですから、弱い人ほどつらい税で、強い人には優しい税金なんです。

◎今の日本では消費税は廃止すべき

安藤　消費税っていま滞納が多いんです。当たり前です、消費者から預かってもいないし、赤字なんだから。

前田　これは世界中の消費税がこうなんですか？　日本だけがこんなことをやってるんですか？

安藤　仕組みは世界でも日本でも一緒です。でも、日本でなぜ、消費税が悪いのかというとずっと景気が悪いからです。景気が悪いときはやめないとダメです。ところが日本の場合は景気が悪くても企業が赤字でもずっと課税してきて、しかもずっと税率を上げ続けてきているんです。だけど、景気が悪かったら、減税しなきゃダメなんです。はっきりいえば廃止しなきゃいけないんです。ところが、頑なに消費税を取り続けているから「中小企業はドンドン弱ります。消費者にも負担がいきます。よって国民は苦しみます」というとんでもない悪循環になるんです。

――実際、いまの日本は実質賃金26ヶ月連続の減少であり、倒産が２０２４年の上半期で4887軒です。しかも、先ほど触れたコロナのときのゼロゼロ融資の貸し剥がしまで始まっているわけじゃないですか。

安藤 だから、中小企業を潰すというのを確実に実行しています。

前田 本当にそうですね。安藤さんのいうとおり、「中小企業は潰れていい、潰すべきだ」と思ってやってますね。

安藤 それが今の政権なんですよ。

前田 確かに小泉政権の時代から外資参入を楽にするための中小企業潰しをいっぱいやってますね。いまから20年近く前だけど、その頃、銀行は不動産業界虐めをやってて、帳簿上は黒字なのに運転資金を貸さないので優良物件をいっぱい持ってる大手不動産屋がバンバン潰れてましたよ。そのあと、その優良物件はどこが買ったのかといったらアメリカですよ。

安藤 不動産会社を潰して、ハゲタカファンドをボロ儲けさせてましたね。

前田 あの不良債権の処理って、森永卓郎さんが、あれはただの担保割れじゃないかと言って怒ってて。だから、別に不良債権でもなんでもない話なのに大げさにやって貸し剥がしをやったからおかしくなったんだって言ってましたけど、どうなんですか。

安藤　そのとおりだと思います。あのとき、バブルが崩壊して資産価値がなくなって担保価値もなくなったから借金をすぐに返せって話になったんですけど、あんなの銀行が追加融資をすれば済んだ話なんですよ。それをしないから、次々と不動産業者が潰れていった。金を貸さなきゃ、それは潰れますよ。

前田　狙い打ちですよ。だから、今回のコロナでは中小企業が狙われたんですよ。貸すときは「返さなくていい金ですよ」とか言っておきながら、いまになって全額返せって。景気が復活しているわけでもないのに、何を考えてるんだよ。返せるわけないですよ！

安藤　ですから、中小企業潰しなんですよ。

◎「ノー・自民、ノー・ペイン」

安藤　本当に僕はコロナのあのときに自民党には絶望しましたよ。「この人たちはなんのために政治家をやってるんだろう?」って。コロナで店を開けるなと政府がお願いしてるんですよ。

前田　お願いじゃなくて実質、命令だったでしょ。

安藤　そうですね、強制でしたよね。なのに、金は自分でなんとかしろよって言えるのか? そんなの無理に決まってますよ。

前田　もたない企業はしょうがないって、お前らが潰したんだろ!って。ゼストのオーナーの長谷川耕造さんなんか「店を閉めてたら従業員の給料も払えないし、店も潰れるから」って営業したら、東京都から相当嫌がらせをされましたよ。

安藤　東京都は営業時間短縮命令を出してましたから。結局、あれは裁判で違法だったということになりました。

前田　都知事の小池百合子の嫌がらせでしょ。事業の維持、雇用の維持のために店を開けるって当たり前の話ですよ。なのに、小池は、「言うこと聞かないから罰金だ」って。だけど、そのころ、アメリカなんか給付金をバラ撒いてましたよ。

安藤　バンバンバラ撒いて逆に景気良くなりましたね。ですから、みんなに言いたいのはあのとき、政府は国民を見捨てたわけです。救う気がなかったんです。それがいまの自民党政権です。その人たちがいま憲法改正だ、緊急事態条項だなんて言っているでしょ？　信用できますか？

前田　絶対無理ですよ。

安藤　あのとき、平然と国民を見捨てたあの人たちが緊急事態条項で何するつもりなんですか？って話なんですよ。国民を救う気がない人たちに緊急事態の権限を与えて、皆さんは何をしてくれると期待しているんですか？と。

前田　キチガイに刃物で、どうなるかわからないね。

安藤　そうです。だって、みんなコロナのときに思い知ったでしょ？と。政府は国民を救わないんですよ。

前田　だから、去年の総裁選のときの小泉進次郎の公約に凝縮されてますよ。年金は80歳からの支給に繰り下げるって、完全にパーだよ、パー。

安藤 考え方がおかしいですよね。

前田 そんなの年金じゃないよ、もう死んでるよ。あと、企業が社員を解雇しやすくするとかね。

安藤 あんなことをしたら、40歳以上で解雇された人は地獄ですよ。あれだって喜ぶのは大企業だけで、年功序列で給料が高くなった人間を切りやすくしているだけです。

前田 20代、30代、会社のために一生懸命働いて、でも、上におべっか使うのが苦手な人間には高い給料は払いたくないんですよ。本当にどこまでいっても弱者を切り捨てることしか考えてないですね。

安藤 それが自民党ですよ。

前田 恐ろしいのが、そんなことを平気で言える小泉進次郎が途中まで総裁選のナンバー1だったってことですよ。これはちゃんと書いておいたほうがいいですよ。自民党の議員たちは、あのパーの小泉進次郎を途中まで総裁にしようとしたんですよ！

安藤　ですから、そういう政党に何を期待するんですか？という話ですね。彼らは国民に痛みしか与えません。

前田　だから、「ノー・自民、ノー・ペイン」ですよ。自民党を否定すれば、痛みはなくなりますよ。

安藤　まさに、そのとおりですね。「ノー・自民、ノー・ペイン」（苦笑）。

◎国民を救う気のない政府

――安藤さんの自民党時代って、そういう自民の世界であることを実感しましたか？

安藤　しましたね。永田町、霞が関は別世界です。俗世界から切り離された、醜悪な世界です。彼らにとっては美しいんでしょうけど、まともな人間の世界ではないですね。

前田　でも、彼らは彼らで自分たちがまともだと思ってるんですよね？

安藤　だから、住んでる世界が違うんです、言葉どおりの意味で。例えば、国会議員になってご飯を食べにいくとなったら、いいところばっかりに行くわけですよ。友達もそこにくる人ばっかりだから、日本人ってみんなお金持ちなんだなって思ってるわけです。みんなこういうところにきて、ご飯を食べるのが普通なんだなってなんとなく思ってるんです。

前田　地元に戻れば、そうじゃない世界があるってわかるでしょ？

安藤　地元に戻ったときは庶民の生活を見て貧しいなと思うでしょう。だけど、「その貧しさはこの人たちが頑張ってないからで自業自得だね」って、そういう感覚なんですよ。

前田　何を言ってるんだよ！　自分は『アウトサイダー』という不良少年の更生のためのアマチュアの格闘技大会をやってたんですよ。その大会に出てる子たちとメシを食って話をすると、「学資保険を返してます」とか、「アルバイトしてやっと食ってます」とかね、そんな話ばっかりなんですよ。自分らの感覚とすれば、「若いんだからもっとアルバイトすればいいでしょ」って思うんですね。

安藤　いや、それはいまできません。

前田　そう。できないんですね。労働基準法が変わって、朝晩とか働けなくなって、「どこも雇ってくれない」っていうんです。でも、これっておかしいんですよ。自分らの頃だって、大した生活なんかしてなかったですよ。だけど、一点豪華主義で、車にバカみたいに金をかけて、そのために馬車馬のように働いてっていうのができたんですよ。そんな若い奴らがいっぱいいて、それはそれで楽しかったですよ。ところが今の子たちはそんなこともできない。ただただ、貧乏なだけ。彼らには青春がないんですよ、青春が！

安藤　そうなんですよ。労働基準法の改正、あれでみんな貧乏になってしまったんですよ。貧乏で据え置かれるようになってしまったんです。

前田　働きたいのに働かせないってどういうことですか！　あんなおかしいことないですよ、狂ってますよ！

安藤　本当にひどい話は実はまだあって、最低賃金がいま１０５５円に上がったんですね。だけど、これにも裏があって、企業の売上が上がってもいないのに、最低賃金だけ上げたから給料が払えない。だから、これも中小企業潰しなんですよ。そして、もう一つあるのが現在、話題になっている１０３万円の壁です。

前田　年収１０３万円を超えると社会保険料が発生したり、税金が増えたりする仕組みがあるんですよね。

安藤　あとは19歳から23歳未満の子供が１０３万円以上の年収になると扶養から外れて、親の所得税が増えてしまうんです。ですから、時給単価を上げるのはいいことなんですが、その壁がある間は、結局、年収を上げることでデメリットが生じる場合が結構あるんです。だから、その壁がある間はみんな働くのを控えるようになるんですよ。そうなるとまた企業は人手不足になって困ると。だから、時給を上げるのであれば、１０３万円の壁も壊さないと企業はまた潰れることになります。

前田　なんか、聞いてると今の政権はすべての政策で中小企業潰しをしてるって感じですね。

安藤　そうなります。そのとおりです。ですから、国民を救う気のない政府のもとで我々は暮らしているということに、みんな早く気が付かないといけないです。

◎ザイム真理教は本当にあった

前田　消費税だけでなく、相続税もおかしくないですか？　だって、相続税がない国はいっぱいありますよ。

安藤　おかしいと思います。相続って自分のつくってきた財産を子孫に渡すわけですよね？　そこになぜ税金がかかるんですか？　だって、生きてる間に所得税を払っているんですよ、ずっと。つまり、相続で渡す財産は税金払ったあとの純利益みたいなものです。なのになんでまた税金取るんですか？　これは完全に二重取りですから、相続税は絶対に廃止するべきだと思いますね。だけど、財務省は相続税もまた増税しようとしてますから。

前田　安藤さん、財務省まで行ったような人間って決して頭が悪いわけじゃないでしょ。数字的に国民を追い込んだら困窮する人が出てくるってまったくわからないわけじゃないのに、なんでドンドン増税するんですか？　増税できた官僚とできなかった官僚ではその後の恩恵が全然違うっていうのは本当なんですか？

安藤　本当でしょうね。できなかった官僚は左遷されますからね。増税できた官僚は外郭団体の理事長とかになりますよね。でもね、本当に財務省の役人さんたちが国民のことなんかどうでもいいと思ってて、俺の出世のためだけにこれをやるんだって考えているってわけでもないんですよ。

前田　いや、自分もそう思いますよ。そこまでタチの悪い人間ばかりが集まったなんて自分も思ってないですよ。でも、だからこそ、不思議なんですよ。

安藤　財務省の官僚だって、国民なんかどうでもいい、俺だけがよくなればって、みんなが思ってるわけではないんです。じゃあ、彼らはどう思っているのかというと、本当に財政再建が必要だって思い込んでいるんですね。それこそ、ザイム真理教の熱烈な信者みたいな人が幹部になってる気がします。僕が接触している財務官僚はそういう人たちで、財政再建をして、緊縮財政をするのが国民のためなんだって信じてるんです。

前田　でも、それで30年間成長していない日本ですよ。世界で日本だけですよ、成長していないのは。結果を見て、わからないんですか？　東大法学部までいって、そんなにアホなんですか？

安藤　だって、学校で勉強してきた教科書にそう書いてあるからです。教科書には実際、そう書いてあるんですよ。だから、勉強していない君たちはどこかで騙されているんだよ、という感覚だと思います。大学の教授だってそうじゃないですか。慶應大学の土居丈朗教授とかは緊縮財政のことばかり言うわけですよ。緊縮しないと国民は苦しくなるぞと。私としては経済学部で何を研究しているんだと思いますけど、その人たちもザイム真理教のことばかり言うわけです。大学教授もそうだし、官僚もそういう人たちばかりが出世して、日本の政策を決めるところを牛耳ってるんですよね。

前田　本気で信じてる人間が、そういう人間ばかりを引っ張り上げるからどんどん濃くなっている。

安藤　そういう悪循環です。だから、ザイム真理教といったほうが実情に合ってると本当に思いますね。彼らにとっては正しいんです。正しいことをしているのに不況のままの日本経済が間違っているんです。

前田　でも、それは頭のいいバカの考え方ですよ。

安藤　だから、官僚が劣化しているんです。ただね、官僚の質が落ちてしまったのには我々にも責任があると思います。というのもずっと官僚バッシングをしてたじゃないですか。「官僚が悪い、官僚主導型の政治だから悪い。官僚主導じゃなくて政治主導にしろ」とずっとやってきましたよね。給料も高すぎるといって引き下げて、公務員の数を減らすのにも賛成してきたわけですよ。皆さんは、そんなところに就職したいですか?

前田　いや、したくないでしょう。

安藤　ですよね。だから、東大で優秀な人は官僚にならないんです。みんな外資系にいっちゃうんですよ。「官僚になるくらいなら、金儲けしよう」って。いまは、日本の若者のトップクラスの優秀な人材が官僚になるのではなく、3番手ぐらいの人たちがなっています。しかも国民から「官僚が悪い」「給料が高すぎる。もっと公務員の給料を下げろ」と言われ、政治家からは「お前らもっと働け。俺のために働け。政治主導だ。知恵を出せ」って言われるからメチャクチャ萎縮して、いま彼らは政治家に気に入られる政策や法案ばかりを考えるようになってしまっています。これが官僚が劣化した原因です。ただし、こうなった原因はさっきもいった国民の官僚バッシングにもあります。30年間、官僚組織を劣化させた世論も悪いです。

前田　いや、国民は単純にマスコミの報道をもとにして考えてるわけで、国民じゃないですよ。マスコミですよ。

——だから、「国民が悪い」という言い方もさっきの「ゾンビ企業」と同じで、マスコミでしょ?と。マスコミの洗脳が官僚バッシングの世論をつくったと思いますよ。

安藤　そうですね。マスコミの洗脳ですね。ということは、アメリカなんかが日本の官僚組織を潰せということで長い時間かけてやってきたということも言えますね。

前田　それは言えますね。だから、城山三郎が書いた『官僚たちの夏』の頃の官僚たちは本当に熱くて日本の国益のために動いていたってことなんでしょうね。

安藤　やっぱり、僕は霞が関の官僚組織というのは日本の最高のシンクタンクであるべきだと思います。はっきり言って政治家って基本的にバカなことをしがちなんです。素人のくせに権力を振るいたがりますから。素人の政治家が「政治主導だ！」と言い始めたら、世の中がメチャクチャになるのは想像できますよね。ですから、官僚がしっかりしないと、まともな法案も立案できないんです。明治のころはそれがわかっていて、帝国大学をつくってまともなエリートを、高等学校をつくって哲学を勉強させ、国家とは何かを考える官僚を育成しようとやったわけです。

前田　いまは哲学もなければ道徳も学ばないですよ。

安藤　それも戦後のＧＨＱの改革によってぶち壊されたわけですね。

前田　テレビなんかでも年末に『忠臣蔵』をやらなくなったし、時代劇もなくなりましたよ。『水戸黄門』なんかないでしょ。

安藤　なくなりましたね。勧善懲悪がそもそもないですね。

――アメリカなんていま正義のスーパーヒーローは実は悪だったって話が多いぐらいです。

安藤　そうですね。世界中がおかしくなってますね、そういう話をしていくと。

◎豊かさを実感できる世界を目指して

――今回、いろんな方々の話を聞いてきましたけど、前田さん、どんな感想を持ちましたか？

前田　日本には政治が存在しないってことだね。それを痛感したよ。いま国会議員なんてアメリカが管理する管理地の管理人だよ。その報酬として利権を貰ってて、だから、利権にしか興味がない。それが実態だってことですよ。

安藤　僕も政治の世界にいましたけど、そのとおりだと思います。彼らは自分たちが何もしなくても日本という国は存在し続けるし、いまでも経済大国なんだから、それなりに俺たちうまくやってるよねって思ってるんですよ。

前田　でも、ＧＤＰはいまドイツにも抜かれて4位でしょ。しかももうじき……。

安藤　インドにも抜かれて5位になりますね。

前田　ですよね。全然うまくやってないじゃないですか。
安藤　一人当たりＧＤＰはいま37位です。
前田　いまそこまで落ちてるんですか。
安藤　そうです。それが自民党政権のこの30年の成果ですよ。ここまで落ち込んでいるんです。ですから、僕は日本人が誇りを持つというか、海外に左右されない国、日本のことは日本人がちゃんと決められる国になってほしいんです。
前田　そうすれば日本人はもっと幸せになれますからね。
安藤　日本人がちゃんとした政策をやれば日本人はもっと豊かになれるし、安心して暮らせる国をつくれます。
前田　経済力に見合った生活にしてほしいですね。
安藤　豊かさの実感ですよね。若い人は安心して結婚して子供が持てる、高齢者は年をとっても大丈夫、年金もちゃんと貰えるし、お医者さんにも安心してかかれるよという社会をつくりたいです。それができるんですよ、いまの日本は。ちゃんと政策を変えれば。

前田　自分らが若いころなんて、そんな心配しなかったですよ。結婚して子供を持つなんて当たり前だったし、ジイちゃん、バアちゃんたちも元気に暮らしてましたよ。

安藤　だから、そういう日本を取り戻したいです。そして、それはできます。社会保険料は下げられるし、年金は上げられる。消費税は廃止です。なぜなら、国には金をつくる力があるからです。それが国ですから。金をつくる力をもっている国が「金がない」って言うなってことですよ。

前田　そう。ホント、そうですよね。

安藤　だから、税金を下げなさい、年金はもっと上げて国民に渡しなさい、ですよ。国立大学の授業料もタダにしなさい、です。

前田　本来であればそれができるんですよね。

安藤　できます。僕は政治家をやっていたので、できると断言できます。

前田　ですから、それをやらないと。あと何十年かすれば自分らは死にます。そのときに子供に安心して暮らせる日本を残したいですよ。そのために行動するのが自分たち世代の役目だなと思っていますね。

おわりに

対談を終えて痛感したことは日本の政権、つまり、与党は日本を治験国家にしようとしているということだ。

例えば、鈴木宣弘教授の「日本政府は、日本では禁止の収穫後の防カビ剤を食品添加物というカテゴリーにして認めたんです」という言葉が象徴的だろう。

防カビ剤は毒物だ。それを出荷直前にかけている食品が安全なわけがない。ところが、当時の日本政府はアメリカからのゴリ押しに負けて、「これは防カビ剤ではありません。食品添加物です」と言ってＯＫしてしまったのだ。アメリカ人の勝ち誇った笑い顔と、日本人の卑屈に頭を下げている場面が目に見えるようだ。これが60年前の話で、それがいまだに続いているという。

日本人にがんやアトピー性疾患などが増加するのは当然の話だろう。アメリカ産の毒入り農産物を生まれたときから食べさせられていれば病気にならないほうがおかしい。

レプリコンワクチンにしても世界で日本だけが認可し、自国民に接種を強要しようとしている。国民が病気になっても、副作用で死んでも構わないというわけだ。

事実、厚生労働省医薬局の医薬品審査管理課長中井清人氏は昨年（２０２４年）の7月11日に「日本を『魅力ある治験の場に』という政策に変えていかなければいけない時代だ」と明言している。その流れの中でレプリコンワクチンは世界で唯一、認可されているということを考えれば、日本人が治験対象、治験動物、つまり、モルモットということになる。「魅力ある」とは一体誰にとっての「魅力」なのか。当然、日本人ではない。海外の製薬企業に決まっているだろう。

そして、中井清人氏のこの発言をそのまま載せるマスコミのモラルのなさ。いくら専門誌の取材だったとはいえ、「『魅力ある治験の場に』とはどういう意味ですか。国民をモルモットにするという意味にしか聞こえませんが」という程度の質問すらした気配がない。言われたことをそのまま書くだけならＡＩで十分だ。マスコミの劣化もひどくなっている。

劣化と言えば、官僚たちの基本的な能力の低下もひどいようだ。これについては元外務省の山上信吾氏や元衆議院議員の安藤裕氏が詳細に語ってくれた。お二方が共通して言っていたのは「今の日本の官僚たちはトップレベルの頭脳の持ち主ではなく、3番目ぐらいの人たちが官僚になっている」というもの。やはり日本の頭脳のトップが官僚にならなければ難しいのであろうか？　しかし、60年前からアメリカのゴリ押しに負けていたのであるから、官僚の頭脳が良くなれば変わるという簡単なものでもないだろう。

では、どうすればいいのか？　どうすれば、日本は変わるのか？

それは私たち日本人一人ひとりが怒りをあらわにすることなのだ。

「怒髪天を衝く」ほどの怒りを政府や官僚たちにぶつけなければいけない。

いや、敵は明確なほうがいい。政府や官僚ではなく、これまでの日本をつくってきた与党に怒りをぶつけなければならない。「中小企業は潰れていい」と平然と言い放った与党に怒りをぶつけるべきだろう。30年間経済成長を止めてきた人々についにノーを突きつけるときがきたのである。

「ノー・自民、ノー・ペイン」

ただ、ここでこの言葉を使って締めるのは簡単だが、物事はそんなに簡単ではない。とりあえず、与党は悪い。しかし、野党が素晴らしいかと言えば、そんなこともない。我々が求めているのは、幸せな暮らしだ。具体的には経済成長だ。よって、我々は幸せになるまで、経済が成長するまで戦い続けていかねばならないのである。「怒髪天を衝き」続けていかねばならないのである。

前田日明

前田日明（まえだ・あきら）
格闘イベント・プロデューサー。1959年、大阪府生まれ。77年に新日本プロレスへ入団。その後、プロレス団体UWF、世界初となる総合格闘技団体リングスを旗揚げし、プロレス・格闘技業界へ新風を吹き込む。99年に選手を引退。HERO'Sスーパーバイザー、青少年育成のためのイベント「The Outsider」をプロデュースする。読書家、日本刀収集家、刀剣鑑定家、骨董収集家として知られる。著書『パワー・オブ・ドリーム』（KADOKAWA）、『誰のために生きるか』『最強の自分を作る』（以上、PHP研究所）、『無冠 前田日明』（集英社）、『日本人はもっと幸せになっていいはずだ』（サイゾー）ほか多数。

怒髪天を衝く！

令和7年1月17日　初版発行

著　者	前田日明
	茂木誠／宮沢孝幸／山上信吾／坂東忠信／鈴木宣弘／安藤裕
発行人	蟹江幹彦
発行所	株式会社　青林堂
	〒150-0002　東京都渋谷区渋谷3-7-6
	電話　03-5468-7769
装　幀	TSTJ Inc.
編集＆構成	中村カタブツ君
印刷所	中央精版印刷株式会社

Printed in Japan

ISBN 978-4-7926-0780-7